중세
접경을
걷다

중세
접경을
걷다

경계를 넘나들던
중세 사람들
이야기

차용구 지음

산처럼

접경은 역사가 피어나는 공간이었다. 이질적인 것들이 부딪치고 맞물리면서 새로운 것들로 채워지고 지금까지는 없었던 삶과 문화가 솟아났다가 사라지는 공간이었다. 양자택일의 선택을 강요하지 않고 상충적인 가치들을 너그럽게 포용하는 마음이 있는 곳이기도 했다. 하지만 접경의 역사는 전승 과정에서 거짓과 오해의 그을음이 덧입혀져 조작되고 왜곡되었다.

접경에 대한 이 책의 구상은 2008년으로 거슬러 올라간다. 당시 한국을 둘러싼 동아시아 정세는 중국의 동북공정, 독도를 둘러싼 일본과의 갈등이 연이어 고조되면서 지역의 평화 공존 장치가 허물어지고 있었다. 영토 분쟁은 외교 갈등의 불씨가 되었고 국민의 정서를 예민하게 자극하면서 냉정하고 합리적인 학술적 논의를 갈수록 어려워지게 했다.

한·중·일 역사 전쟁의 격랑 속에서 공동의 역사 인식과 화해를 모색하기 위한 노력이 그 어느 때보다 절실했다. 그러나 자민족 중심주의적인 사고가 여전히 팽배해 있었고, 국경을 넘나드는 상호 교섭 현상에 주목하는 초경계적 사고는 필수적인데도 그냥 지나치고 있었다. 이러한 문제 의식을 가지고 동북아시아 지역의 역사 갈등을 해소하고 역사 화해의 길을 찾으려고 필자와 몇몇 연구자들은 공동으로 유럽의 사례를 조사했다. 유럽은 국가 간의 오랜 적대 관계를 극복하려는 역사 대화를 성공적으로 진행한 바 있었기 때문이다.

이렇게 해서 필자는 2008년에 책『가해와 피해의 구분을 넘어: 독일·폴란드 역사 화해의 길』과 논문「독일과 폴란드의 역사 대화: 접경 지역 역사 서술을 중심으로」를 쓴 바 있다. 이 과정에서 필자는 기존의 '변경', '변방'이라는 용어를 '접경contact zone'이라는 단어로 대체했다. 한 장소의 외곽 혹은 가장자리에 불과하다는 뜻의 '변경' 대신에 경계와 경계를 서로 잇는다는 의미의 '접경'이라는 단어를 사용한 것이다. 경계를 단순히 중심들 사이의 주변이나 변두리로 설명하면서 중심에 대한 대립 항으로 보려는 기존의 시각에서 탈피하고자 했다.

그리고 이 책은 서유럽에 편중된 서양 중세사의 공간적 지평을 동유럽과 북유럽 지역으로 넓히고자 하는 시도이기도 하다. 기존의 서유럽과 '기타' 유럽이라는 중심–주변의 공간적 차별을 넘어서 관계성이라는 렌즈를 통해 역사의 상호 교섭적인 모습을 되찾고자 했다. 공간에 대한 역사적 관심은 장소가 지니는 의미, 즉 장소성placeness에 주목하게 된다. 인간과 장소의 관계, 장소에 대한 의미 부여, 정체성과 환경의 끊임 없는 상호작용은 장소성을 형성한다. 따라서 공간의 장소성은 시간의 흐름에 따라 여러 형태로 다양하게 창출된다. 중심과 여타 지역의 종속적 관계라는 근대적 패러다임을 해체하고, 중심·주변의 얽히고설킨 총체적인 중세사 이야기를 하고자 한다.

필자는 그동안 단행본과 학술지 그리고 언론의 기고문을 통해 경계의 의미와 역할을 재해석하고 그 역사성을 '재'자리매김하려는 시도를 해왔다. 다행히 1990년대부터 국내와 해외 학계에서도 '국경 연구', '경계 연구'가 활발하게 진행되면서 필자의 이론적 토대는 그 골격을 하나하나 갖출 수 있었다. 이 자리를 빌려 접경 연구를 함께 수행했던 국내외 연구자들께 고맙다는 말을 전한다.

특히 '네이버 프리미엄 콘텐츠 스튜디오'에서 접경에 대한 필자의 생각을 독자들과 나눌 수 있도록 기회를 주신 네이버의 주훈 차장님께 감사의 말을 전한다. 그리고 이 책의 출간을 흔쾌히 맡아준 도서출판 산처럼의 윤양미 대표님과 집필 과정에서 생산적인 논의를 통해 책을 다듬어주셨던 편집 팀에게도 감사를 드린다. 끝으로 필자의 글을 매번 꼼꼼히 읽고 부족한 점을 지적해준 까다로운 독자인 아내 김미숙 박사께 고맙다는 말을 전하고 싶다.

2022년 6월 17일

지은이 차용구

차례

왜 경계인가

1989년 베를린 장벽의 붕괴는 제2차 세계대전 이후 분단되었던 독일의 '재'통일을 가져왔고, 그 결과 사회주의 동유럽과 자본주의 서유럽의 경계선이었던 철의 장막도 걷히기 시작했다. 이후 유럽연합EU의 동진東進 정책으로 유럽은 하나의 정치·경제·안보 공동체로 거듭나는 듯했고, 그래서 사회주의와의 경쟁에서 자유민주주의가 최종 승리했다는 '역사의 종말'이 선언되기도 했다.

하지만 역사의 종말은 오지 않았다. 낙관적인 전망을 시새움이라도 하듯이 새뮤얼 헌팅턴은 1990년대에 이른바 문명의 충돌을 예견했다. 그는 동서 냉전 대립이 문명 간의 갈등으로 다극화되면서 전쟁의 역사는 지속될 것이라는 문명 충돌론을 설파하며 세기말의 들뜬 분위기에 냉소를 끼얹었다. 그는 서구 그리스도교 문명과 이슬람 문명 간의 단층선fault line에 주목하면서, 역사적으로 이곳은 피로 물든 경계선이었으며 21세기에도 서구 주도의 세계 질서를 뒤흔드는 갈등의 무대가 될 것임을 지적한 바 있다.

2022년을 맞아 헌팅턴의 예언 이후 지난 30년을 되돌아보니 코소보 전쟁, 9·11테러, 미국의 이라크와 아프가니스탄 침공 등으로 서구와 이슬람 세계는 여전히 적대 관계를 지속하고 있는 듯싶다. 하지만 오늘날 세계 질서를 재구성하는 두 세력은 오히려 미국과 중국이기 때문에, 헌팅턴식의 '이슬람 대對 서구'라는 문명사적 예단은 기우에 가깝다고 할 수 있다. 헌팅턴의 또 다른 중대한 오류는 그가 세계의 역사를 경계선의 위기와 갈등으로 보려는 시각이다.

경계 짓기가 인류의 보편적인 행위이기는 하지만, 유독 16세기 이후에 근대 서구 국가들은 자신의 이익을 위해 세계지도에 경쟁적으로 경계선을 그었다. 자본도 동전의 양면과 같이 국가와 공모해서 경계를 구획하고 구분했다. 서구 자본주의는 해외 시장 개척을 추진하면서 비서구의 영토를 식민지화했고, 이렇게 해서 서구 근대성과 식민주의는 한 몸에 여러 동물이 뭉쳐 있는 그리스신화의 키메라와 같은 존재가 되었다. 키메라가 내뿜는 불처럼, 서구의 문명 담론은 비서구 사회를 야만으로 규정하고 이른바 인류의 보편적 발전과 세계 문명화라는 명목하에 무자비하게 정복했다. 이 과정에서 서구의 식민주의적 경계짓기는 전 지구적인 지배 장치로서 공간의 자의적인 분할과 재조직을 힘으로 밀어붙여 세계사적인 파국을 몰고 왔다.

서구 대 비서구, 그리스도교 대 비그리스도교, 문명 대 야만. 이러한 경계 구분은 서구 근대사상을 강력하게 구축해왔고, 헌팅턴 등의 학자들은 이러한 문명사관의 충실한 계승자에 불과했다. '원시사회'에 살고 있던 비서구인들을 '보호구역'에 가두어야만, 서구 물질문명의 안전보장 시스템을 건설할 수 있다는 생각(예를 들면, 프레더릭 잭슨 터너의 프론티어 사관)은 목적론적인 지적 담론이 되었다.

하지만 경계선이 갈등의 진원지이자 분쟁선이라는 해석은 명백한 오류다. 역사책을 조금만 읽어보면 경계는 통합이자 공존의 공간이었음이 자명해지지 않는가. 이슬람과 그리스도교 문명의 단층선이라 불리는 지중해에서도 페르낭 브로델에 의하면 두 문명은 경우에 따라 부침이 있기는 했지만 끊임없이 교류했다. 그리스도교인이 이슬람으로 개종하는 것도, 그 반대의 사례도 얼마든지 있다. 상호 이해와 공존, 환대와 화해의 콘비벤시아 convivencia는 일시적인 예외 상태가 아니라 반복적이고 일상적인 것이었다.

지중해의 광범위한 조우와 공존이 점차 일상이 되자 안달루시아, 시칠리아, 예루살렘 등 경계 속에서 치열하게 '사이 공空-간間'을 사유했던 경계인들은 현실과의 타협에 익숙해졌다. 비록 그들이 마주한 현재가 복잡다단해서 모순의 장소이기는 했지만, 그곳은 이념적 증오가 판을 치는 공간인 동시에 인간의 이성과 합리성을 실험하는 공간이었다. 배제와 관용, 전쟁과 상호 의존,

편견과 실용주의가 혼재한 장소이자, 양자택일의 논리 대신 양자 병합의 논리가 제시되는 뒤엉킨 역사의 공간이기도 했다.

이처럼 경계에 대한 편견이 사라지자 그 의미도 재해석되기 시작했다. 월터 미뇰로는 경계 사유border thinking 개념을 통해서 경계의 이편과 저편을 평등한 관점에서 바라볼 것을 제안한다. 그는 더 나아가 경계에 대한 사유는 공동체 간의 틈새 공간에서 사람들이 스스로 삶의 가치를 창조하며 조화롭게 사는 것을 목표로 한다고 강조했다. 이러한 사유 행위는 경계의 "절개된 상처(글로리아 안잘두아)"를 치유할 수 있을 것으로 보인다.

경계는 중심과 중심 가운데에 있는 제3의 사이 공간in-between space으로, 특정 집단의 일방적인 정복과 팽창이 아닌 다중적 주체들과 가치가 경쟁하고 공명하는 접경지대(메리 루이스 프랫)이기도 하다. 이렇게 해서 경계는 이질적인 다양한 문화가 공존하고 (때로는 불평등하게) 서로 얽혀 있는 '혼종의 공간'이자 '얽힌 역사histoire croisée(entangled history)'가 전개되는 곳으로 이해되기 시작했다. 이제 경계는 탈중심의 해방 공간으로서 새로운 의미 부여가 필요하다.

오늘날 독일의 수도인 베를린은 유럽 중부의 게르만족과 유럽 동부의 슬라브족 문화가 혼종하여 뿌리내린 뒤 새로운 정체성이 꽃핀 접경 공간으로 성장했다. 베를린을 중심으로 19세기에는 프로이센이 독일 통일을 달성하여 유럽의 강대국으로 부상할 수 있었다. 냉전 시대에는 베를린의 한복판에 장벽이 세워지면서 자본주의와 사회주의 두 체제가 등을 맞대기도 했지만, 동서

독의 통일 이후 베를린이 다시 수도가 될 수 있었다. 이는 분단된 유럽을 접합하기 위해 양자택일이 아닌 양자 병합의 경계 논리가 작동했기 때문이다. 양극단의 경계를 포용하고 넘나들 때 새로운 것이 창조될 수 있는 것이다.

역사적으로 경계 지대의 사람들은 초경계적 연대를 구축하면서 지역 간 협력 공간을 확충했고, 혼종화된 지역 정체성을 발판으로 위기 상황에 대처했다. 경계는 중심부에서 멀리 떨어진 낙후된 주변부가 아니라 새로운 중심이 되는 해방의 공간, 창조의 공간, 생명의 공간이었음을 역사는 보여준다.

더 읽을거리

- 박정원, 「글로리아 안살두아의 『경계지대/국경』」, 『트랜스라틴』 25, 2013.
- 새뮤얼 헌팅턴, 『문명의 충돌』, 이희재 옮김, 김영사, 2016.
- 월터 미뇰로, 『로컬 히스토리/글로벌 디자인: 식민주의성, 서발턴 지식, 그리고 경계사유』, 이성훈 옮김, 에코리브르, 2013.

제1부

경계와
여성

중세의 여성은 남성보다 연약하고 열등한 성(性)으로 여겨졌다. 중세의 가장 위대한 사상가로 간주되는 토마스 아퀴나스는 "여성은 선천적으로 결점을 가지고 태어났다"고 한 바 있다. 그의 이러한 여성관은 고대의 철학자 아리스토텔레스에게서 유래한다. 여성은 육체적·정신적으로 나약하고 무능력해서 남성 후견인 없이는 아무것도 혼자서 할 수 없는 '제2의 성'으로 폄하되었던 것이다. 그래서 여성들은 그들 고유의 문화와 역사도 없고 연대 의식도 형성할 수 없는 보이지 않는 존재로 인식되었다.

하지만 남성 식자층이 여성을 나약한 존재로 규정하고 이를 증명하려고 했음에도, 현실 속의 여성들은 거부, 협상, 연대, 적응, 변복 등 다양한 기제를 통해 구조적 차별과 불평등을 극복하고자 했다. 이렇게 해서 주체성을 회복하고자 했던 것이다. 특히, 중심지보다 더 다양한 인종·종교·가치관이 병존하는 경계 공간에서 여성들은 '경계 지대의 의식' 혹은 '경계 사유'를 가지고 있었다. 이들은 자신들의 영역을 틈새 공간으로 활용했고, 중심과 주변이 만나는 공간에서 제3의 경계 문화(border culture)를 만들어냈다.

중세의 경계는 이주와 이산, 결혼과 교류를 통해 이주자들이 끊임없이 횡단했던 접경 공간이었지만, 이주민들은 경계 너머의 새로운 환경 속에서 다양한 정체성을 재구성해야만 했다. 여성들도 이질적 문화들이 상호 교류하고 뒤섞인 혼종적 경계 공간에서 대안적 정체성을 찾는 노력을 해야만 했다. '접(接)붙이기', 품종이 다른 암수를 교배하는 '교잡(交雜)', 나무의 곁순을 잘라내는 '순(筍)지르기'가 신품종의 나무를 개발하듯이, 접경 공간의 여성들은 카오스에서 새로운 생명을 얻고자 했다. 그러나 경계의 유동적 존재들이 생산한 문화 혼종과 정체성 혼란으로 경계 투쟁이 강화되면서 이주 여성들의 삶은 순탄하지만은 않았다. 제1부에서는 접경인의 삶을 살았던 여성들의 일상적 경계를 미시적 관점에서 살펴보고자 한다. 이들이 어떻게 경계를 넘나들면서 정치·경제·문화 분야에서 경계를 잇고 때로는 경계를 아무런 쓸모가 없는 것으로 무화(無化)했는지 이야기하고자 한다.

제1장

경계에 선 여인들

피 흘리는 국경선

유럽의 한복판에 위치한 독일은 역사적으로 국경선 분쟁이 끊이지 않았고 그로 인해서 이웃 국가에 뿌리 깊은 불신과 적대감을 심어주었다. 독일의 수도 베를린에서 남서쪽으로 200킬로미터 정도 떨어진 작은 도시 나움부르크의 중심에는 국경을 둘러싼 오랜 대립과 증오의 상징성을 담고 있는 성당이 하나 있다. 중세 시대에 세워진 이 건축물은 밤베르크 대성당과 더불어 자연주의를 그 특징으로 하는 독일의 대표적인 고딕 성당으로 유명하다. 나움부르크 대성당의 서쪽 성가대석에는 우타와 레글린디스 입상立像이 1240년경 제작되어 세워졌는데, 이는 이 성당을 세운 설립자 12명의 실제 크기 군상 중 일부다. 우타와 레글린디

나움부르크 대성당. 오늘날 독일 작센안할트주 나움부르크에 있는 이 성당은 2018년에 그 문화적 가치를 인정받아 유네스코 세계유산으로 등재되었다.

스는 마이센 변경 백작 가문의 동서同壻 관계였으나 후대에 서로 상이하게 기억되고 있는 인물들이기도 하다.

　유럽의 대표적인 도자기 생산지로도 잘 알려진 마이센은 동쪽으로 폴란드, 남쪽으로 체코와 닿아 있는 국경 지대다. 특히 독일과 폴란드의 '천년에 걸친 전쟁'의 진원지로 알려진 이 국경 지역이 '피 흘리는 국경선'으로 불리기도 하는 것처럼, 영토를 둘러싼 양국의 첨예한 군사적·이념적인 대립은 19세기와 20세기의 민족주의를 앞세운 역사 전쟁을 거치면서 치유하기 힘든 깊은 상흔을 곳곳에 남겨 놓았다.

역사 전쟁의 최전선이었던 이 국경에 대한 기존의 연구는 전쟁, 정복, 학살, 선교, 문명화, 선진 문화의 이식과 정착 같은 논의와 함께 국가 팽창론적 관점에서 진행되었다. 엘베강의 동쪽에서 오데르강·나이세강(폴란드어로는 오드르강·니사우지츠카강)에 이르는 마이센 지역은 '슬라브족의 심장'이라 불릴 정도로 오래전부터 슬라브족이 거주하던 곳이었으나, 10세기 이후에 동쪽에서부터 진행된 정복과 개간 사업으로 독일의 역사에 편입된다. 이러한 동부로의 경제적·군사적 팽창 과정을 19세기 독일의 역사가들은 '동유럽 식민지화'로 명명했고 바이마르 시대의 대표적인 역사학자 카를 함페는 동방 진출을 '중세 독일 민족의 위대한 식민 사업'으로 칭송했다.

11세기 초에 마이센 지역에서 생존했던 우타와 레글린디스는 이후 오랜 세월 동안 망각되었다. 이 지역 출신으로 나움부르크에서 학교를 다녔던 프리드리히 니체도 이들의 입상에 대해 언급한 적이 없었고, 1881년에 나움부르크 대성당을 방문했던 독일의 서정 시인 라이너 마리아 릴케도 성당 안의 제단이나 기증자 상이 아닌 스테인드글라스로 장식된 창과 성당 주변의 묘비명의 글귀만을 이야기했을 뿐이어서, 그 사회적 무관심이 어느 정도였는지 짐작할 수 있다. 그런데 이들에 대한 기억이 19세기 후반에 갑자기 의도적으로 소환되면서 당시의 관심에 따라 재구성되고 재생산되기 시작한다.

기억의 소환

이탈리아의 대표적인 지성 중 한 명인 움베르토 에코가 2000년대 초반에, 서양 예술사의 등장인물 중에서 식사를 함께하고 싶은 사람으로는 누가 있느냐는 어느 한 기자의 짓궂은 질문을 받고 즉석에서 추천했다는 우타는, 정작 20세기 초반까지만 해도 세간에 잘 알려지지 않은 여성이었다. 그때까지 역사에서 어쩌다가 간헐적으로 등장했던 우타 입상이 독립적인 기억의 장소로 승화된 것은 제1차 세계대전 이후 독일의 국수주의적 시대상과 맞물려 있다.

제1차 세계대전의 패배로 인해 독일 제국이 붕괴하고 새롭게 출범한 바이마르 정부는 사회적 혼란과 '전후 책임과 배상' 문제에 당면했다. 전쟁의 패배로 독일은 동부 영토의 상당 부분을 신생 국가인 폴란드에 할양해야만 했고, 이는 대한민국 면적의 2분의 1에 해당했다. 패전과 영토 상실에 대한 국민적 울분은 국경지대에서 역사의 시련을 감내하면서도 의연함을 잃지 않았던 우타를 소환해냈던 것이다. 절망감에 빠진 독일 국민의 든든한 버팀목이 될 수 있는 역사적 인물이 필요했고 그 결과 우타가 불려 나온 것인데, 그러면서 그녀의 입상은 독일인들의 대중적 아이콘으로 새롭게 자리매김했다. 작가로 활동하던 오스카르 하겐(1888~1957)은 1919년에 태어난 첫째 딸의 이름을 우타로 지었다고 하니 그녀의 인기가 어느 정도였는지 짐작이 간다.

1934년에 히틀러가 정권을 장악하면서 나치 정권은 영웅숭

배와 '예술의 정치화', 추모의식 등 각종 제의적인 방법을 통해서 사회적 집단기억collective memory의 장소를 조성해 부각시켰다. 극 연출가 로타르 슈라이어는 1934년의 작품에서 우타를 독일의 아르테미스로 묘사함으로써 그녀를 '독일 민족성'을 대표하는 인물로 규정하는 단초를 마련한다. 아르테미스의 처녀성, 숲, 지혜와 같은 신화 속 여신의 속성을 우타에게 부여하여 우타는 정숙하고 냉철한 여인의 정결함과 영묘한 기운을 머금고 태고의 신비를 그대로 간직한 독일의 원시림을 연상케 한다. 원시림은 인간의 손길이 닿지 않은 처녀림處女林으로 인종적·문화적 순결성을 상징한다. 이렇게 해서 우타 입상이 있는 나움부르크 대성당은 어수선한 난국을 타개하고 국민적 희망을 전해주는 성소가 되어갔다. 당시 주민 수가 3만 명에 불과했던 변방의 작은 도시 나움부르크는 '우타의 도시'로 불렸고, 1934년에는 3만 4천 명, 1936년에는 8만 명, 1938년에 이르러서는 약 9만 3천 명이 우타의 입상을 보러 몰려들었다고 한다. 국가적인 '기억의 장소 만들기' 프로젝트가 얼마나 국민의 단합과 내부 결속에 효과적인지를 판명하는 사례라 할 수 있겠다.

　슈라이어는 우타를 국가 간의 생존경쟁에 뛰어든 '독일 민족의 전사'로 왜곡되게 묘사하면서 우타 입상에 강한 민족적 색채를 덧씌우면서 그녀를 독일 국민, 민족혼, 독일인의 공동체적 삶과 운명의 체화로 승화시켰다. 그러나 우타가 살던 11세기에는 독일 민족, 국민이라는 개념조차 없었던 시대였다. 더 나아가 나움부르크 대성당은 슬라브족의 위협에 직면했던 그리스도교 신

나움부르크 대성당의 내부 벽에 세워진 12명의 기증자 상 중에서 우타의 입상. 이 석상들은
벽면의 기둥을 벗겨내는 방식으로 제작되었다.

앙의 전초기지이자 동시에 호전적이고 팽창 지향적인 국가권력의 상징물로 기억되었다. 고귀하고 순수한 독일 여성 우타는 민족의 관문인 국경의 수호자로 추앙되고 그 위상도 한층 격상되었다. 이를 위해서 슬라브족은 철저히 타자화되고 무시당하는 존재가 되었다.

사진작가이자 영화제작자이기도 했던 발터 헤게는 우타의 속성을 근본적으로 변화시킨 인물이었다. 인종주의적 사진작가로 알려진 그는 1920년대부터 1940년대까지 중세의 조각과 건축물을 사진에 담았고, 사진이라는 매체를 통해 우타가 대중들에게 적극적으로 수용될 수 있는 계기를 마련했다. 사진으로 전해지는 우타의 이미지와 스토리는 보다 더 많은 이들에게 감동을 주었고, 나움부르크 대성당은 우타를 직접 보고 싶어 하는 구경꾼들로 왁실거렸다. 사진의 실재성, 신뢰성이라는 매체적 특성이 받아들여졌던 시대에 사람들은 우타가 상징적으로 체화했던 독일 민족이라는 공동체적 정체성이 실존하는 것으로 인식했다. 연극과 다큐멘터리, 연극 등의 매체를 통해 우타가 알려질수록 더 많은 사람들이 우타 입상을 신성한 국경과 민족을 지키는 수호성인으로 공경하기 시작했다. 허구적인 가짜 이미지가 대량으로 양산된 결과였다.

이렇게 해서 중세에 세워진 입상은 더 이상 차가운 석상이 아닌, 오랜 잠에서 깨어난 민족 영웅으로서 새로운 생명력을 부여받았다. 우타 입상을 둘러싼 예술의 정치화와 국수주의적 미학은 치밀하게 기획되어 일상적인 영역에까지 침투하고 있었다.

연출된 사진, 민족적 서사, 정치적 구호는 화려한 제의적 무대에서 민족주의적 집단기억을 재생산하고 강화하는 기제로 활용되었다.

제1차 세계대전 이후 경제적 어려움에 영토 상실의 트라우마까지 겹쳐 경험한 당시의 독일 세대에게 우타는 독일적 정체성과 민족 우월성을 확인하는 하나의 실재이자 불안한 현실 속에 미래의 희망이 투영된 상징이었다. 불분명한 정체성을 가진 변방의 잊혔던 석상은 아주 특정한 목적하에서 왜곡되어 '재현'되거나, 사람들의 일상적인 기억 속으로 침투하여 국가사회주의적인 움직임에 유용한 정신적 자양분이자 촉발제가 된 것이다.

알라이다 아스만의 지적과 같이 "민족적 역사 기억은 '망각의 무덤'에서 다시 태동한다." 역사 속에서 주변적인 존재에 불과했던 우타 입상의 독립적인 존재감은 제1차 세계대전을 전후로 태동하여, 나치의 국가사회주의 시기에 정점에 이르게 된다. 우타 입상이 중세와 현대의 독일을 이어주는 가교이자 통합의 상징으로서 기능하게 된 것은 이처럼 20세기 전반기 독일의 국수주의적 시대 상황과 맞물린다.

국경의 일상

독일의 예술사가였던 아우구스트 슈마르조브는 1934년에 우타를 민족의 숭배 대상으로 묘사하면서도, 동시에 폴란드 출신으로 슬라브계 뿌리를 가진 우타의 동서였던 레글린디스에 대해서는 노골적인 인종 혐오를 드러낸다. 레글린디스는 '슬라브족 출신의 어린아이'이자 '하녀' 정도로 폄하되면서 우타와 극명하게 대비되었다. 우생학에 근거한 민족주의가 고귀한 독일 민족의 우수성과 슬라브족의 천박함이라는 대조적인 이미지를 만들어낸 셈이다.

나치 정권은 독일적인 것에 의미를 부여하고 인종적 우월성을 확인하기 위한 수단으로서 우타에 대한 기억을 재소환한 것이다. 타민족을 비하하고 자신의 인종적 우월성을 내세우는 배타적 관념이 만연해지면서, 동시대에 같은 국경 지역에 살았던 두 여인에게 '독일 민족의 우수성과 고귀함'과 '천박한 슬라브족'이라는 대비적인 이미지가 투영되었다.

하지만 슈마르조브는 정작 오래전에 쓴 글(1892)에서 폴란드 왕의 딸 레글린디스의 웃는 모습을 경박함보다는 진정한 신앙심의 자연스러운 표출이라 하고, 그녀를 신심 깊은 여인으로 묘사하면서 마그데부르크 대성당의 웃고 있는 "현명한 처녀" 혹은 "수태고지하는 천사"에 비견된다고 했다. 그녀의 복장 역시 중세 궁정의 예의범절에서 벗어나지 않았다고 보았다. 그때까지만 해도 슈마르조브의 글에서 레글린디스에 대한 인종적 혐오감은 읽을 수 없었던 것이다.

민족주의적 기억 정책은 과거 사실을 의식적이고 선택적으로 회상하면서 역사적 사실보다는 정치적 목적을 우선시한다. 경박한 여성이라는 20세기의 편견 어린 시선과는 달리 중세의 여러 문서에서 레글린디스는 나움부르크 교구의 토대를 다진 기증자로 인정되었고 그녀의 관대한 기부 행위가 칭송되었다. 특히 레글린디스는 나움부르크 대성당을 짓는 데에 결혼 지참금을 기부했는데, 이를 기념하고자 제작된 기증자 상 앞에서 기일에 추모 미사가 거행되기도 했다. 슬라브족 여인에 대한 이러한 중세적 기억과는 달리, 후대의 예술사가들은 근대의 민족 갈등을 중세에 투사함으로써 독일적인 것과 폴란드적인 것의 차별성을 부각시켰고, 이국적인 것은 부정적인 것으로 타자화했다.

하지만 독일 국경의 순수하고 고귀한 수호자로 기억되던 우타가 생존할 당시 마이센의 환경은 그다지 '독일적'이지 못했다. 마이센 자체가 10세기 초반까지 슬라브족이 거주하던 지역으로, 그녀의 손윗동서 레글린디스는 폴란드의 초대 왕인 용감공 볼레스와프 1세 흐로브리(967경~1025)의 딸이었다는 사실에서 이곳이 '독일'과 '폴란드'가 만나는 접경지대였음을 알 수 있다. 양측이 자신의 정치·문화·종교적 정체성을 흥정하고 협상하던 사이 공간이기도 한 이곳은 다양한 문화가 만나는 물리적 공간이자 행위자들이 다분히 의도적으로 상호작용하는 중간 지대이기도 했다.

레글린디스의 어머니이자 볼레스와프 1세의 아내인 엠닐다—간혹 이르민힐드로 불리기도 했다—는 독일 영토에 복속된 엘베강과 오데르강 사이의 지역을 통치하던 슬라브족의 딸이었다. 따라서 레글린디스는 정략결혼으로 맺어진 귀족 가문 출신의 경계인이었다. 엠닐다의 아버지는 서쪽으로는 신성로마제국 작센 지역의 귀족과 동쪽으로는 폴란드 제후와의 혼인을 통해 인척 관계를 맺으면서 접경지대의 경계를 횡단하는 삶을 살았다. 레글린디스와 엠닐다 혹은 이르민힐드라는 이름 역시 슬라브족 가문에서도 독일식 이름과 슬라브식 이름이 병행되어 사용될 정도로 두 문화가 어울렸다는 것을 알 수 있다. 중세의 독일과 슬라브 문화가 만났던 마이센은 문명과 야만이 충돌하는 단층선이 아닌 다양한 사고와 경험이 조우하는 혼종적인 접경지대였던 것이다.

이처럼 상이한 정치 세력이 만나는 국경 지역은 자치적 통치권을 추구했던 다양한 토착 세력의 이합집산과 이질적인 문화가 뒤섞이는 모습을 특징으로 한다. 혈통적·정치적인 유동성은 우타가 생존하던 국경 지대의 정치적 상황을 '독일' 혹은 '폴란드' 민족이라는 근대적인 이분법적 논리로만 설명할 수 없는 것이다. 이 지역에서는 슬라브어가 단순히 피정복민의 언어가 아니라 정치·군사·외교·교역에서 중요한 언어였으며, 혼인 등의 이유로 신성로마제국 출신의 귀족들도 폴란드어를 이해하고 사용하는 이중 언어 사용bilingualism이 자연스러웠다. 정치적으로 병합되기 시작한 게르만족과 슬라브족 두 집단은 종교적·언어적으로 뒤섞이며 문화적인 혼종 양상을 보였다.

"경계 지대에 생존하기 위해서는 경계 없이 살아야 하고 교차로가 되어야 한다(글로리아 안잘두아)"는 말이 있다. 우타와 레글린디스, 엠닐다는 양쪽 문화를 중재하고 재배열하는 자신들만의 방법으로 경계적 정체성을 발현했다. 단순한 문화적 주변인이 아닌 문화 전수자이자 담지자로서 초경계적 정체성 변화와 적응력을 보여주었다. 그리스도교 개종과 종교적 선행은 모범적으로 비쳐졌을 것이고 슬라브식 의생활과 복식은 경계를 허물었다. 한 가정에서 슬라브식·게르만식 이름이 함께 사용되면서 여성의 문화적 경계 넘나들기와 허물기는 상이한 집단 간의 상호 의존과 존중을 심화시켰다. 이들은 다문화 경계인으로서 문화 차이에 대한 의미 있는 해석을 만들고 전달하는 문화 번역자이자 문화 횡단자 들이었다.

현대의 역사가들은 자주 '민족'이라는 개념을 전근대에까지 소급하려고 하는데, 이는 결국 사료의 편파적인 취사선택으로 이어질 수밖에 없다. 인간은 평범한 것보다 특이한 현상들을 기록하는 경향이 있다. 평온한 일상의 삶보다는 갈등과 전쟁에 귀를 기울였던 중세 연대기 작가들의 기록을 통해 국경의 과거를 바라보는 것은 명백히 비역사적인 접근이다. 리처드 플레처가 『십자가와 초승달, 천년의 공존: 그리스도교와 이슬람의 극적인 초기 교류사』에서 그리스도교인과 무슬림의 콘비벤시아에 대해 언급했듯이, 중세의 접경지대에서 평화적인 공존은 "당대의 사료가 거의 조명하지 못하는 사회생활의 사적 수준에까지 깊이 도달했음을" 유념해야 한다. 그럼에도 불구하고, 랑케의 역사주의적 방법론에 친숙한 역사가들도 사료에서 침묵하는 일상적 경험에 대해서는 관심을 기울이지 못했다.

근대적 국경 개념의 등장 이전에 국경의 일상사는 단절보다 소통이 특징이었고, 분절과 단절은 후대 민족주의 역사학자들이 만들어낸 역사상이었다. 물론 중세의 접경 공간에 담긴 공존의 다양한 모습을 사료를 통해 복원하는 일은 쉽지 않은 작업일 것이다. 이는 근대 역사학이 등장한 19세기 이후에 민족주의의 열풍 속에서 민족 감정의 각성에 적합한 사료들이 의도적으로 수집되고 편찬되면서, 역사학이 과거를 정당화하는 정치적 무기로서 기능했기 때문에 더욱 그러하다. 이웃 나라와의 접경지대에서 평화 공존은 미래의 꿈이 아니라 과거의 경험이자 역사적 사실이다. 국경과 같은 경계는 타협의 산물이고 가변적 구조물이기 때문에, 국경선은 평화와 생명의 공간으로 '재'자리매김될 수 있음을 명심해야 할 것이다.

더 읽을거리

- 전진성, 『역사가 기억을 말하다: 이론과 실천을 위한 기억의 문화사』, 휴머니스트, 2005.
- 차용구·손주경, 「국경의 기억: 나움부르크의 우타Uta 입상立像」, 『서양중세사연구』 44, 2019.
- 최호근, 『기념의 미래: 기억의 정치 끝에서 기념 문화를 이야기하다』, 고려대학교 출판문화원, 2019.

제2장

경계를 넘은 여인들

경계 넘기

나움부르크의 레글린디스는 폴란드에서 시집왔으나 새로운 환경에 적응하는 데 큰 어려움이 없었던 것 같다. 레글린디스가 살았던 변방의 유동성과 혼종성이 그녀의 이주와 정착에 여러모로 도움을 주었을 것이다. 그녀보다 먼저 경계를 넘어 왕국의 중심부로 이주했던, 그래서 내경內境의 경계 투쟁을 경험했던 테오파노의 이야기는 전근대의 내경과 외경外境의 관계를 이해하는데 도움이 되리라고 생각한다.

신성로마제국의 연대기 작가였던 메르제부르크의 티트마르(975~1018)는 11세기 초 무렵에 다음과 같은 흥미로운 기록을 남긴다.

자신들의 군주(니키포로스 2세 포카스)를 폐위하려는 음모를 획책하던 자들은 사악한 여왕의 사주를 받고 어떤 군인으로 하여금 황제를 살해토록 하고는, 바로 그 군인을 비잔티움제국의 통치자로 임명했다. 이 신임 통치자(요안니스 1세 치미스키스)는 우리의 황제에게 배편으로 화려한 수행원과 많은 선물들과 함께 테오파노라는 이름의 질녀를 보냈는데, 사실 이 여인은 본래 우리가 원했던 신부가 아니었다. … 그래서 황제(오토 1세)로 하여금 동맹관계를 청산하고 신부를 되돌려 보내라고 충고하는 사람들이 있었으나, 황제는 이를 개의치 아니하고 독일과 이탈리아 귀족들의 축하 속에서 그녀를 자신의 아들(오토 2세)과 결혼하도록 했다(972).

티트마르의 기록은 한 세대의 시간적 간격에도 불구하고 972년에 있었던 신성로마제국의 오토 2세와 비잔티움제국('동로마제국'이라고도 하지만 학계에서는 서로마제국이 멸망한 476년 이후의 시기를 '비잔티움제국'으로 서술한다)의 테오파노의 결혼식을 비교적 정확하게 서술한 것으로 알려져 있다. 이 '세기의 결혼식'은 서유럽으로 비잔티움 문화와 관습이 도입되면서 오토 왕조의 르네상스Ottonian Renaissance가 꽃피게 되는 초국가적 이벤트로 평가받는다. 일부 학자들은 카롤링거 왕조 시대부터 강화되어온 서유럽과 비잔티움제국과의 외교, 상업적 교류의 종착점으로 972년의 결혼을 보기도 한다.

950년에서 1050년 사이의 비잔티움제국은 행정·경제·문화적 측면에서 전성기를 구가했다. 여전히 강대국의 위용을 과시하던 비잔티움제국은 니키포로스 2세 포카스(912경~969)와 요안니스 1세 치미스키스(925경~976) 황제 치하에서 옛 영토의 수복과 팽창의 시대를 맞았고, 바실리오스 2세(958경~1025) 때에는 그 세력이 절정에 달했다. 그 결과, 비잔티움제국의 영향력은 시리아, 메소포타미아 북부 지역, 동부 지중해와 발칸반도를 넘어서 남부 이탈리아에까지 미치고 있었다. 경쟁 상대였던 이슬람의 출현 이후로 가장 방대한 영토를 장악했던 것이다. 비록 테오파노가 황실의 공주는 아니었지만, 그녀는 당대 최고 실권자의 조카딸이었다.

반면에 신랑은 이제 막 새롭게 왕조를 창건한 오토 왕조의 왕자였다. 이 가문은 이때까지 유럽 역사의 변방에 불과했던 독일 동북부의 작센 지역을 거점으로 성장하고 있었고, 대공 하인리히 1세(873/876~936)가 919년에 왕으로 등극하자 유럽 정치 무대의 중심에 서려는 참이었다. 마침내 그의 장남 오토 1세(912~973)가 962년 로마에서 황제로 대관되면서 '대제'라는 칭호를 얻는다. 새로운 정권을 창출하는 과정에서 하인리히 1세와 그의 아들 오토 1세는 대내적으로 평화와 안정을 추구하는 데 상당한 어려움을 겪었다. 새로운 왕실과 왕권의 위상을 대내외적으로 확립하고 정치와 사회적 혼란을 극복하는 것이 당면한 급선무였다. 대외적으로도 독일에서 이탈리아로 온 정치 새내기에게 황제 직은 버겁고 유지하기 힘들어 보였다. 이러한 불리한 상황은 신임 황제 오토 1세로 하여금 권력의 안정성을 확보하는 데 더욱 조급하게 만들었다.

이 과정에서 세속 통치자를 그리스도의 대행자christomimetai로 승화함으로써 황실의 권위와 위상을 격상시키는 비잔티움제국의 정치철학은 신성로마제국의 신흥 왕가에게 매우 솔깃한 통치 이론이었다. '신의 은총을 받은 왕, 카리스마를 획득한 통치자' 이념은 왕권 신성화 작업에 착수하려던 오토 왕조의 통치 이념으로 적합했다. 통치권을 공고히 하는 수단으로 황제를 미화하던 비잔티움제국의 황제 숭배의 정치 문화가 이렇게 해서 오토 왕조로 넘어왔다.

왕권의 신성화 작업이 왕에게 영적 카리스마를 부여했다면, 비잔티움제국 황실과의 결혼을 통한 고귀한 '피'의 유입은 새로운 개념의 왕권을 정립했다. 이처럼 972년의 결혼은 오토 왕가의 왕권 강화를 위한 중세의 전형적인 정략결혼이었다. 대내외적으로 어려운 상황에서 새로운 왕조를 창건한 오토 왕가는 영적이고 계보적인 정통성을 확립하는 데 시간적 여유가 많지 않았다. 이러한 급박한 상황에서 정통 황실 소생의 공주가 아닌 황제의 조카딸이라는 이유로 측근들이 만류했음에도 불구하고, 오토 1세는 결혼식을 강행했던 것이다. 비잔티움제국 황실과의 결혼 동맹을 통해서 자신의 황제권의 정통성을 대외적으로 인정받으려는 그의 외교적 노력은 비잔티움제국의 수도 콘스탄티노플로 결혼 사절단을 세 차례나 파견했다는 사실에서도 읽힌다. 결국, 972년의 결혼식은 우월한 위치에 있던 비잔티움제국 황실로부터 서유럽의 황제권을 공식적으로 인정받고, 동시에 외부의 강력한 세력과 연대할 기회를 얻고자 하는 정략적 의도에서 이루어진 것이다.

초경계적 문화 전파

결혼을 통한 문화 전파는 그다지 많은 시간을 필요로 하지 않았다. 결혼 직후 남편이 그녀에게 주었던 혼인 문서는 신성로마제국의 필사자들이 제작했는데, 비잔티움제국 산 자주색 실크에 금색 잉크로 작성되었고, 바탕 화면은 사자 몸통에 독수리 머리와 날개를 지닌 신화적 동물인 그리핀과 같은 비잔티움 문양으로 장식되었다. 비잔티움 색채가 농후한 이 화려한 문서는 서유럽의 '채색 문서'로서는 초기의 것으로 평가되며, 이는 비잔티움제국 황실의 문서 작성 방식과 문양을 의도적으로 모방하려는 시도로 보인다.

무엇보다도 972년 혼인 문서에 등장하는 "신성로마제국의 공동 통치consortium imperii"라는 문구는 시사하는 바가 크다. 오토 2세는 자신의 혼인 문서에서 테오파노를 '공동 통치자consors'로 대우했던 것이다. 비록 이러한 수사적 호칭에 걸맞은 실질적 권한 이행이 남편의 생존 기간에는 이루어지지 않았으나, 983년 남편의 급작스러운 사망 이후에 그녀가 보여준 정치적 행보는 공동 통치자라는 호칭이 단순한 예우가 아니었음을 보여준다. 결혼과 함께 공동 통치자로 격상된 테오파노의 위상은 오토 왕

972년 테오파노와 오토 2세의 혼인 문서로, 바탕 화면은 비잔티움 문양으로 사자 몸통에 독수리 머리와 날개를 지닌 신화적 동물 그리핀이 장식되어 있다. 이 문서는 유네스코 세계유산에 등재되었다.

테오파노와 오토 2세를 묘사한 비잔티움풍의 상아 부조물. 982년경에 제작된 것으로, 예수 그리스도가 오토 2세와 테오파노를 축복하고 있다.

실이 의도적으로 비잔티움제국의 법 제도와 통치 철학을 모방·수용한 사례로, 황후의 격상된 위상은 그리스도를 중심에 두고 좌우에 오토 2세와 테오파노를 동등하게 묘사한 비잔티움풍의 상아 부조물과 채색화 제작에서도 확연히 드러난다.

섭정에 대한 명확한 법적 선례와 규정이 부재했던 불안한 상황에서 남편이 사망하자 테오파노는 남편 친척들의 견제와 공격에도 불구하고 아들 오토 3세를 대신해서 섭정을 성공적으로 수행했다. 그녀의 이러한 공적은 이미 당대인들에게서도 높은 평가와 칭송의 대상이 되었고, 현대의 역사가들도 서유럽, 슬라브 지역, 이탈리아에서 보여준 그녀의 탁월한 정치적 역량을 비잔티움제국 특유의 국제적 정치 감각으로 돌리기도 한다.

비잔티움 문화를 동경하고 이를 차용한 사례는 테오파노의 정치적 행보에만 국한되지 않았다. 결혼 후에 남편인 오토 2세가 그리스어-라틴어의 이중 언어로 동시에 표기된 시편bilingual Psalter을 교본으로 그리스어를 학습했다는 사실은 변화된 문화 인식을 대변한다. 반면, 라틴어에 익숙하지 않은 며느리를 위해 시어머니 아델하이트가 당대의 두 제국 언어인 라틴어와 그리스어로 씌어진 서적을 제작했다는 사실은 오토 왕실에서 이중 언어 사용의 여건이 조성되었음을 보여준다.

또한 에센이나 쾰른 등지에서 그리스어를 병기한 다양한 서적들이 필사되었는데, 이는 당대에 그리스어 학습의 필요성에 대한 공감대가 형성된 결과였을 것이다. 테오파노의 결혼은 신성로마제국 내에서 새로운 정치·경제·문화적 접경 공간을 형성하고 이질적 문화가 어우러지는 초경계적 연결망을 구축할 수 있었다.

아들 오토 3세의 교육과 성장에도 어머니 테오파노의 문화적 배경이 영향을 주었으며, 특히 영험한 그리스정교회 수도사들을 정치적 조언과 영적 도움을 주는 멘토로 정하는 비잔티움적 관행은 오토 3세에게 이어졌다. 다양한 기회에 공개적으로 천명된 오토 3세의 성모에 대한 공경심 역시 어머니의 영향이었다. 그는 또한 이탈리아 남부 출신의 그리스정교회 수도사이자 자신의 고해 신부였던 그레고리오 다 체르키아라로 하여금 신성로마제국의 중심부인 아헨 인근에 부르트샤이트 수도원을 건립하도록 하고, 그리스정교회의 성인 아폴리나리스와 니콜라오를 수호성인으로 삼았다. 그러고는 어머니가 고향에서 가지고 온 니콜라오 성인의 성화를 그곳에 모셨다. 이후 그레고리오가 이곳 수도원의 원장으로 활동하면서, 이탈리아 남부에서 시작된 그리스정교회의 영성은 신성로마제국 중서부 지역으로까지 서서히 퍼져나갔다.

오토 3세는 '반半 비잔티움인'이라는 지적처럼 그는 모호한 정체성을 가진 다중적 주체였다. 오토 3세 스스로도 비잔티움제국의 세련된 문화와 예술적 수준과 비교해서 작센이 얼마나 후진적이었는지를 인식하고 있었다. 그는 내경이 만들어낸 문화적 경계 지대에 살면서 양쪽 문화를 배타적인 양자택일의 논리가 아닌 양자 병합의 논리로 중재하고자 했다. 비록 오토 3세가 22세의 나이에 요절하면서 성사되지는 못했으나, 비잔티움제국 황실의 공주가 처음으로 서유럽의 통치자와 결혼하기 위해서 1002년 초에 이탈리아의 바리로 왔을 정도로 테오파노의 사망(991) 이후에도 오토 왕가와 비잔티움제국 황실은 긴밀한 관계를 이어 갔다.

내경의 확산

테오파노는 이방인으로서 신성로마제국의 중심부에 주변부(내경)를 형성한 것이다. 하지만 낯선 땅으로 시집을 온 '외국인' 여성에 대한 일부의 시선은 차가웠다. 특히 남편이 죽은 뒤 섭정을 둘러싸고 불거진 시어머니와의 불편한 정치적 관계가 테오파노에게 부담이 되었다. 중심과 주변은 공간적으로는 근접해 있으나 심성적으로는 대립 혹은 분리되어 있었다.

이러한 여건에도 테오파노나 그녀와 함께 비잔티움제국에서 온 사람들은 곳곳에 초경계적 문화 전파자로서 흔적을 남겼다. 쾰른에 있는 성 판탈레온 교회 역시 그녀를 통해서 자신이 수호성인으로 공경했던 동방의 성인 판탈레온의 유물을 안치하게 되었다. 또한, 당시까지 신성로마제국에서 알려지지 않았던 니콜라오, 데메트리오, 디오니시오, 알렉시오와 같은 그리스정교회의 성인들을 서방에 소개한 것도 그녀이거나 혹은 그녀를 수행했던 사람들이었다고 한다. 이후 신성로마제국의 몇몇 교회는 이들 성인들에게 봉헌되면서 이들의 성유물이 안치되기도 했다.

성유물들 중 일부는 아마도 그녀가 혼수품으로 직접 가져온 것일 가능성이 있다. 이렇게 해서 그녀는 당시로서는 문화적 변방이었던 신성로마제국 북부 지역에 비잔티움 문화를 퍼뜨린 것이다. 궁정과 교회 건물을 콘스탄티노플에서 유행하던 방식으로 치장하도록 지시했다는 일화도 전해지고 있다.

무엇보다도 10세기 말엽부터 신성로마제국을 중심으로 성모 마리아 공경이 서유럽에서 점점 더 강화되었을 정도로 테오파노의 결혼이 비잔티움 문화를 크게 전파시켰다. 마리아 공경과 성모에게 봉헌된 예술품의 주문 제작은 콘스탄티노플 황실의 전통으로, 이는 비잔티움제국에서 성모에 대한 대중적 믿음이 확산되는 계기가 되었다. 오토 왕조의 궁정이 있는 작센 지역의 멤레벤에 수도원을 세우고 이를 성모 마리아에게 봉헌한 것도 바로 테오파노였다.

비잔티움제국의 예술품과 고급스러운 직물들이 광범위하게 퍼졌다. 귀족 사회에서는 비잔티움 양식의 좌우 대칭적 인물 묘사와 무릎을 꿇고 경배를 드리는 장궤 배례長跪拜禮(proskynesis)가 유행했다. 왕실의 권위를 드높이는 어깨부터 허리에 비스듬히 걸친 화려한 장식띠loros의 착용과 이러한 시각적 효과는 비잔티움 열풍의 결과였다. 그러나 알려진 것과는 달리 신성로마제국의 비잔티움 문화 전파는 테오파노의 아들 오토 3세를 통해서 확산된 것 못지않게, 세 명의 딸과 외손녀 등의 왕실 여성들을 통해서도 수용되고 전파되었다.

경계를 넘나드는 여성 연대

테오파노가 남편과 함께 자주 방문하며 후원을 아끼지 않았던 간더스하임 수녀원은 비잔티움 문화가 스며든 곳이었다. 특히 테오파노가 간더스하임 수녀원에 다양한 필사본을 기증할 때 이곳의 수녀였던 흐로츠비트Hrotsvit(935경~973)가 쓴 글들이 그리스정교회의 성인전들을 바탕으로 작성되었다는 사실에서 탈경계적 문화 교류의 흐름을 읽을 수 있다. 테오파노와 간더스하임 수녀원의 긴밀한 관계는 그녀의 둘째 딸인 소피아를 이곳에서 교육받게 했고, 지적으로 매우 영민했던 딸이 간더스하임 수녀원의 원장(1002~1039)이 되었다는 사실에서 더욱 확연해진다.

간더스하임 수녀원이 신성로마제국 북부 지역에서 비잔티움 문화의 보루였다는 사실은 흐로츠비트의 동료이자 수녀원장이었던 게르베르가(956~1001)의 그리스어 구사 능력에서 확인할 수 있다. 게르베르가는 그녀의 언니 하드비히가 비잔티움제국 황실과의 혼담이 오가고 있는 상황에서 함께 그리스어를 배웠다고 한다. 이러한 비잔티움 문화의 친밀성은 테오파노와 게르베르가를 각별하게 만들었고, 왕국의 중요한 국정을 논의했던 '여성들의 모임colloquium dominarum'에서 이들을 긴밀하게 공조하게 했다. 간더스하임 수녀원은 오순절 미사를 그리스어로 거행했을 정도로 비잔티움 문화를 보존하는 역할을 수행했다.

소피아는 1012년부터 1029년까지 또 다른 왕실 수녀원이었던 에센 수녀원에서 원장을 겸직했다. 본래 이 수녀원에서 생활하던 테오파노의 막내딸 마틸데가 이곳의 원장을 맡을 계획이었으나, 그녀가 에센 지역의 유력자와 결혼하게 되자 언니인 소피아가 수녀원장을 맡았다. 이곳은 971년에 사망한 수녀원장의 비문이 그리스어로 작성될 정도로 그리스어가 중시되었던 수녀원이었다. 특히 973년에서 1011년까지 재임했던 수녀원장은 그리스어와 라틴어 모두 능통했다고 하니, 소피아가 원장으로 오기 전부터 그리스어는 수녀들의 교육 과정에 포함되어 있었을 것이다.

이러한 개연성은 이곳에서 주기도문pater noster을 그리스어로 암송했다는 사실에서 더욱 높아진다. 흥미롭게도 10세기 말엽에 이곳에 세 명의 비잔티움제국 출신 여성이 머물렀던 사실이 확인되는데, 이들 안토코네이아, 안테포나, 소피아라는 여성들의 역할을 확정하기는 어렵지만, 아마도 이들은 테오파노 황후를 콘스탄티노플에서부터 수행하고 황후의 주선으로 이곳에 체류했던 것으로 보인다. 어쩌면 이들이 앞에서 언급한 오토 2세의 그리스-라틴어 시편을 필사했을 수도 있다. 이러한 경계를 넘나드는 문화적 전통 속에서 소피아의 주문으로 동일한 그리스-라틴어 시편이 또다시 필사되었고, 테오파노가 자주 머무르고 훗날 그녀의 묘소가 마련된 인근의 쾰른에서도 같은 형태의 시편이 제작되었다.

소피아의 뒤를 이어 에센 수녀원은 황후의 외손녀, 즉 테오파노의 막내인 마틸데의 딸이 수녀원장으로 재임하게 된다. 그녀의 이름 역시 외할머니의 이름과 동일한 테오파노로, 1029~1058

에센 수녀원의 십자가. 비잔티움제국에서 수입된 에나멜로 제작되었다. 1050년경 신성로마제국에서 제작되었으며, 세로 44.5, 가로 30센티미터 크기의 이 십자가는 당대 최고의 금속공예 작품으로 평가되고 있다.

년 사이에 원장을 맡았다. 그녀가 주도하여 완성한 에센 수녀원 성당의 서쪽 정면부는 라벤나의 성 비탈레 성당을 연상시킬 정도로 비잔티움 건축 양식을 모방했다. 테오파노와 외손녀의 관계는 비잔티움 문화가 여성을 통해서 보존되고 전파되었다는 점에서 흥미롭다. 테오파노 원장이 에센 수녀원에 기증한 성경 Theophanu-Evangeliar이 성모 마리아에게 봉헌되었는데, 이는 그녀의 외할머니 때부터 서유럽에서 강화되고 있던 마리아 공경 풍조가 손녀에게도 계승되었음을 보여준다.

테오파노 원장은 에센 수녀원에 성모에게 봉헌된 성경 외에도 십자가Theophanu-Kreuz를 기증했다. 이를 제작하는 데 사용되었던 에나멜은 비잔티움제국에서 직수입되었거나 비잔티움의 독특한 제작 방식으로 신성로마제국에서 만들어진 것들이다. 비잔티움 양식의 건축물과 예술품을 제작하기 위해 비잔티움제국에서 온 장인들이 활동한 것으로 알려진 에센 수녀원은 할머니와 어머니, 외손녀로 이어지는 모녀 3대를 거치면서 비잔티움 문화의 수용·보존·확산의 중심지가 되었다.

간더스하임 수녀원, 에센 수녀원과 더불어 오토 왕가의 대표적인 수녀원으로 알려진 크베들린부르크 수녀원의 경우도, 984년에 수녀원 재정을 키밀리아르케라는 비잔티움제국 출신의 여성이 맡을 정도로 테오파노 황후와 연관이 깊었다. 크베들린부르크 수녀원의 원장 마틸데(968~999)는 오토 2세의 누이이자 테오파노의 시누이로, 그녀는 테오파노가 시어머니 아델하이트와 관계가 불편할 때도 '외국'에서 온 테오파노의 편에 섰다. 수녀원을 매개로 형성된 왕실 여성들 사이의 이러한 연대는 타지에서 온 테오파노의 정치적 입지를 강화하는 데 중요한 발판이 되었다.

크베들린부르크 수녀원의 소장품 목록에는 비잔티움제국 산 비단 망토 외에도 상당수의 비잔티움제국 물품들이 있었는데, 일부는 테오파노의 혼수품으로 그녀가 크베들린부르크 수녀원에 기증했던 것으로 알려져 있다. 특히 크베들린부르크 수녀원은 마틸데가 테오파노와 함께 신성로마제국에서 마리아 공경을 본격적으로 강화하는 과정에서 중요한 역할을 했다. 마틸데의 뒤를 이어 크베들린부르크 수녀원에서 교육을 받던 테오파노의 장녀 아델하이트가 수녀원장(999~1044/1045)을 맡게 되면서, 이

브라우바일러 수도원의 니콜라오 성당. 테오파노의 막내딸 마틸데가 그녀의 남편과 함께 1024년에 교황청의 허락을 받아 세웠다. 이후 여러 차례 개축·증축되었다.

곳은 작센 지역에서 비잔티움 문화의 중심지가 되었다.

그리스정교회 성인을 공경하는 전통은 딸들에게 이어졌다. 테오파노 황후의 막내딸 마틸데가 쾰른 인근에 설립한 브라우바일러 수도원도 니콜라오 성인에게 봉헌되었는데, 이곳에 안치된 성인의 유골 역시 테오파노가 가져온 혼수품 중 하나였다고 한다. 이렇게 해서 니콜라오 성인은 왕가의 수호성인으로 받들어졌고 니콜라오 성인 공경이 서유럽에 확산되면서 브라우바일러 수도원은 시토회를 창립한 12세기 수도사 베르나르 드 클레르보를 비롯한 많은 사람들의 순례지가 되기도 했다.

성모 마리아와 그리스정교회의 성인을 수호성인으로 선택한 교회와 수도원 설립, 성유물 기증, 그리스정교회 수도사와 학자

초빙, 그리스정교회 전례 의식 장려, 그리스어 서적 필사, 비잔티움제국 예술가 초청과 예술 작품 제작 지원 등 테오파노의 이러한 적극적인 문화 진흥 사업은 비잔티움제국의 문화가 신성로마제국 내부로 수렴되는 데 중요한 계기가 되었다. 특히 그리스어의 사용과 자녀들의 이중 언어 습득, 비잔티움 문화와의 지속적인 접촉은 테오파노의 문화적 정체성 구축과 강화에 기여했다. 수도원을 세우고 다양한 형태의 기증을 하는 것이 오토 왕가 여성 통치자들의 공통적인 현상이었지만 테오파노의 경우에는 비잔티움 문화와 서유럽 문화를 동시에 지향하는 통합 지향적 모습을 보였다.

또한 그녀는 현지 문화에 일방적으로 동화되기보다는 현지 문화를 포용하고 받아들이면서, 동시에 고향의 문화를 적극적으로 전파한 것이다. 왕가와 귀족 여인들이 모여 살았던 종교 공동체의 문화와 종교적 중요성 그리고 왕을 지척에서 보좌했던 왕비와 공주들의 막강한 정치적 위상을 고려해볼 때, 테오파노를 중심으로 한 이들 여성들의 문화 활동은 신성로마제국에서 비잔티움 문화가 보존되고 전파되는 데 중요한 의미를 지닌다.

문화적 경계 지대에서 황후 테오파노는 가부장 사회의 하위 주체인 여성들과 연대했다. 비슷하지만 서로 다른 —왕실 여성이어서 비슷한, 하지만 다른 문화권 출신이어서 다른— 여성들과의 집합적 연대를 통해서 정치와 문화적 경계를 횡단하고 융합했다. 그녀는 문화 접촉 지대에서 이질적인 문화를 상호 소통시키는 문화 번역자로서, 신성로마제국의 문화에 내재해 있는

언어, 생활습관, 사유 양식, 가치관 등에 문화적 변형을 이루어
냈다. 이를 위해 견고한 지배 문화에 동화되지 않으면서 다양한
경계들에 대한 개방적 태도를 보였다.

경계 투쟁

클뤼니 수도원의 오딜로는 1000년경에 작성된 글에서, 테오
파노가 죽자 "그녀의 시어머니가 매우 행복해felixque 했었다"고
전한다. 시어머니 아델하이트를 '가장 존경받는 황후'로 칭송했
던 오딜로는 테오파노를 지칭할 때는 그녀의 이름조차 언급하지
않았고, 대신에 "이 그리스 출신의 황후"라고 불렀다. 그녀의 출
신지에 대한 반복적인 언급은 자신들의 삶에 끼어든 이방인 여
성을 불편하게 여겼음을 드러낸다.

이처럼 테오파노에 대한 후대의 평가는 호의적이지 않았다.
아델하이트가 1077년에 시성된 것과 달리 테오파노는 성녀의
칭호를 받지 못했다. 하인리히 1세의 부인이자 아델하이트의 시
어머니인 마틸데도 시성되었고, 오토 3세의 뒤를 이어 왕위에 오
른 하인리히 2세의 부인 쿠니군데도 사후 100년이 지난 1146년
에 시성되었다. 따라서 오토 왕가의 모든 왕비가 성녀로 추앙되
었는데, 테오파노만 시성되지 못했다. 이는 그녀에 대한 후대의
기억이 부정적이었다는 것을 알 수 있다. 그녀 개인에 대한 연대
기 작가들의 악담과 비잔티움 문화에 대한 적대감도 적지 않았

다. 자신의 정체성을 견고하게 유지해온 사람들이 타자의 문화에 대해 신경증적인 반응을 보이는 이른바 접경지대 히스테리 borderlands hysteria 였다.

"말 많은 수다쟁이이자 변덕이 심한 그리스 여성"이라는 11세기의 묘사는 이방인이자 여성이었던 테오파노에 대한 후대의 호의적이지 못한 평가를 함축한다. 독일 남부에 있는 성 에메람 수도원의 오틀로의 비판은 더 가혹했다. 오틀로가 테오파노를 비난한 이유는 그녀가 '독일Germanie' 여성들을 사치의 죄악에 물들도록 했기 때문이라고 한다. 그는 꿈에서 테오파노의 환영을 보았다는 한 수녀의 이야기를 전하면서, 자신을 그리스 출신의 황후로 밝힌 테오파노가 "생존 시에 사치스러운 생활로 인해서 죄를 짓고 저승에서 견딜 수 없는 고통을 받고 있음"을 고백했다고 한다. 그래서 이 수녀에게 자신의 혼령을 위해서 기도해줄 것을 애원했다는 것이다. 테오파노가 죽고 이미 반세기가 지난 뒤에 기록된 이 일화는 외래문화를 소개한 여성에 대한 적개심을 그대로 드러내고 있다.

오틀로와 동시대의 인물인 페트루스 다미아니는 테오파노가 그리스정교회 수도승과 불륜을 저질렀다고 하며 비잔티움제국 출신의 여성에 대한 뿌리 깊은 편견을 드러냈다. 11세기 초반의 서유럽에서는 테오파노와 비잔티움 문화에 대해 강한 적대감이 지속적으로 표출되었다. 비잔티움제국 여인들이 사용했던 백리향과 같은 방향제가 전염병의 원인이 되었다는 소문도 돌았는데, 이는 외래 문물과 이국 여성에 대한 극단적 편견을 드러냄과 동시에 오늘날의 외국인 혐오xenophobia에 가깝다.

테오파노에게 상대적으로 호의적이었던 티트마르조차 오토 왕실 내에서 벌어지는 변화의 움직임을 회의적으로 바라보았다. 그에게 테오파노가 주도한 변화는 너무도 낯설고 급진적이어서, 새로운 관행nova norma이 황금비의 중용aurea mediocritas을 따르지 않고 있다고 비난했다. 그래서 전임 황제 오토 1세를 추종하던 자들은 이러한 새로운 관습을 존중하려 들지 않았고 오히려 옛 것을 진리와 정의로 섬기고자 했다. 외경을 넘어서 중심부로 들어온 유동적 존재들이 생산한 문화 혼종과 정체성 혼란이 경계 투쟁을 강화한 것이다.

심지어 황제 오토 3세의 이국적 취향도 궁정 사람들의 따가운 시선을 피하기 어려웠고, 특히 그리스정교회의 금욕주의적 전통을 따르려는 그의 태도에 대해서는 논란이 많았다. 결국, 1054년의 동서 교회의 대분열로 인해서 반反 비잔티움적 담론이 등장했고, '허풍쟁이 그리스Grecia mendax'와 같은 편견과 '적대적인 고정관념'이 양산되었다.

레글린디스, 테오파노 같은 상층부 여성들에게 경계(외경)는 이주자들이 끊임없이 횡단했던 사이 공간이었지만, 이들은 경계 너머의 새로운 관계 속에서 상이한 정체성을 재구성해야만 했다. 변방의 혼종성은 수많은 경계와 만나면서 제3의 대안적 정체성을 재구성하는 가능성을 열어주었지만, 중심부로의 경계 횡단은 기존 관행과 권력 관계를 뒤흔들면서 내적 경계 투쟁의 파열음을 냈다. 외경을 넘어서 중심부로 들어온 유동적 주체들을 향한 배타성과 폐쇄성 때문이었다. 변방의 다층적·다중심적 접경성은 새로운 내경을 사회적으로 수렴했지만, 차이와 모순을 부정하는 중심의 획일성은 자아와 타자의 경계선을 더욱 두텁게 그었을 뿐이다.

더 읽을거리

- 기쿠치 요시오, 『결코 사라지지 않는 로마, 신성로마제국』, 이경덕 옮김, 다른 세상, 2010.
- 주디스 헤린, 『비잔티움: 어느 중세 제국의 경이로운 이야기』, 이순호 옮김, 글항아리, 2010.
- 차용구, 「여성, 결혼, 문화 전파: 오토 2세와 테오파노의 결혼식(972)」, 『숭실사학』 37, 2016.

제3장

경계 위의 유랑인,
헝가리의 왕비 기젤라

결혼

테오파노 황후가 그리스정교회와 로마가톨릭교회의 경계를 잇는 가교가 되었다면, 같은 시대를 살았던 여성 기젤라는 유럽의 변방이었던 헝가리왕국을 경계 너머의 세상으로 이끌었다. 신성로마제국의 최상층 귀족 가문 출신의 기젤라와 헝가리왕국의 첫 번째 왕이 된 이슈트반 1세(975경~1038)의 결혼으로, 헝가리와 서유럽 사이의 이주와 교류는 본격화될 수 있었다. 그 결과, 낙원처럼 풍요로운 곡창지대로 불리었지만 경제와 문화적으로 낙후됐던 유목민 국가인 헝가리가 유럽의 정치 무대에 등장하게 된다. 무엇보다도 1000년경에 있었던 기젤라의 결혼과 신하들의 이주는 헝가리 왕실 내부에 그리스도교 신앙을 알리고

헝가리 베스프렘에 세워진 기젤라와 이슈트반 1세 부부의 동상. 베스프렘은 기젤라가 체류했고, 그녀의 흔적이 곳곳에 남아 있어 '왕비의 도시'로 불리는데, 천년고도로 헝가리에서 가장 오래된 도시 중의 하나다.

왕국 전역에 새로운 문화를 전파하면서 헝가리가 중세 유럽 공동체의 일원으로 받아들여지는 계기가 되었다.

왕실 간의 초국가적 결혼 동맹은 양측의 경계를 허물고 교류의 폭을 넓히는 좋은 기회였다. 테오파노는 상당한 분량의 고급 의복과 화려한 문양으로 채색된 직물, 장신구, 귀금속, 필사본, 그리스정교회의 성유물 등 다양한 종류의 혼수품을 가져왔다고 한다. 983년에 비잔티움제국의 바실리오 2세가 이란의 통치자에게 200벌의 비단옷을 선물로 보냈다는 기록이나 1045년에 콘스탄티노스 9세가 이슬람 세계의 지도자인 파티마 칼리파국의 알무스탄시르(1036~1094)에게 '뇌물성 선물'로 1천여 벌의 비단옷을 선물로 주었다는 것으로 미루어보아, 기젤라도 신분에 걸맞은 많은 혼수품과 함께 신성로마제국의 풍습을 헝가리에 전하면서 문화적으로도 상당한 영향을 주었을 것이다. 상당수의 사신이나 귀족·성직자들도 함께 오면서 외교·정치·문화 분야에도 양국 간의 인적 교류가 확대되어갔다.

기젤라와 이슈트반 1세의 결혼식이 있었던 1000년까지 신성로마제국과 헝가리는 전쟁이 잦아 국경 갈등을 겪고 있었다. 그래서 이들의 결혼은 외교적 타협의 결과이자 화해와 공존을 알리는 전주곡이었다. 이슈트반 1세가 1015년경 자기 아들을 위해 작성한 보감寶鑑인 『십훈十訓』은 왕이 지켜야 할 10개의 덕목인데 이 중 하나가 '이주자들의 환대와 대우'다. 여러 지역 출신의 이주자들은 다양한 언어, 습성, 학식, 군사기술 등을 가져옴으로써 왕국과 왕실을 이롭게 하고, 단일 언어와 풍습은 오히려 왕국을 나약하고 쉬이 쇠락하게 만들 수 있으니 외국인들을 후하게 대접하고 합당한 직책을 부여할 것을 권고하고 있다.

이슈트반 1세의 유훈과도 같은 이 통치 이념은 왕권 강화를 위해 서유럽, 특히 신성로마제국의 지원이 절실했기 때문이다. 이슈트반 1세의 보감에 언급된 이주민들은 주로 기젤라를 보필하여 학문과 군사기술을 보유하고 헝가리로 들어온 기사와 성직자, 즉 군사와 종교 분야의 지도층이었다. 이러한 외국인 환대 정책은 부족한 인구를 단기간에 만회하려는 헝가리 왕실의 의도이기는 했지만, 당시에 서유럽을 휩쓸었던 이상 기후와 기근으로 많은 사람들이 경작지가 풍요로운 헝가리로 이주하기를 희망했기 때문이기도 하다. 이렇게 해서 이주자 수가 늘어나고 이들의 사회·정치적 중요성이 증가함에 따라 이들에 대한 반감도 생겨났지만, 이주가 본격적으로 진행되면서 헝가리 사회는 점차 개발과 안정화 단계에 접어들었다.

손님들

기젤라의 결혼을 계기로 중세 헝가리의 왕들은 대부분 외국 출신의 부인을 맞았는데, 1186년 벨러 3세가 마르그리트(프랑스 루이 7세의 딸)와 결혼하자 이때 프랑스 문화도 유입되었다. '라티니latini'로 불렸던 오늘날의 북프랑스와 벨기에 지역 출신자들도 그 수가 증가하여 헝가리 북부의 도시 에스테르곰은 대표적인 프랑스인 주거지가 되었고, 결과적으로 14세기 중반에는 프랑스 출신 주민이 상당 부분을 차지하면서 도시 운영을 주도하기도 했다.

언드라시 2세(1177경~1235)의 부인도 신성로마제국 출신으로 그녀와 함께 온 신성로마제국 귀족들이 헝가리왕국의 정치에 깊숙이 개입하는가 하면, 1211년부터 같은 지역 출신의 독일기사단Teutonic Order이 왕국 남동부의 국경 수비를 담당하면서 외래인의 영향력은 더욱 커졌다.

신성로마제국의 여러 지역으로부터 이주자들의 유입이 더욱 늘어났고 출신 지역도 다양해져서 신성로마제국 남부, 튀링겐, 마이센, 라인 강변 등 곳곳에서 이주가 계속되었다. 신성로마제국에서 유입된 사람들의 사회·정치적 중요성이 증가함에 따라 헝가리 토착 귀족들이 왕비를 살해할 정도로 외국인에 대한 반감도 커져갔다. 13세기 후반에 헝가리의 한 성직자는 왕국의 귀족들을 중상모략하고 국부를 착취하는 신성로마제국 출신 사람들의 흉포함을 격양된 목소리로 비난할 정도였다. 외지에서 온 이주민을 환대하라는 왕국의 창시자 이슈트반 1세가 남긴 유훈이 잊혀가고 있는 듯했다. 하지만 이러한 불상사에도 불구하고, 헝가리왕국이 11세기부터 추진했던 일반인들을 대상으로 한 이주 정책은 큰 변화 없이 진행될 수 있었다. 무엇보다도 이주자들이 납부했던 조세와 군역의 의무가 왕실에 매력적이었기 때문이다.

당시의 헝가리와 동유럽 국가에서는 서유럽에서 오는 이주자들을 '호스피테스hospites'로 불렀는데 이는 손님들이라는 뜻이다.

즉, 이주민들은 초대받은 사람들로서 이들에게는 공동체 구성원의 대표자 선출권과 사법적 독립성, 유산 상속 및 재산권 보장과 통행세 및 관세 면제를 허락하는 특허장이 발행되었고, 이는 더 많은 사람의 헝가리 이주를 부추겼다. 왕실 이주 정책의 주요 목적은 미개간지와 산림 지대를 경작하기 위한 것이었지만 왕권이 미약했던 지방에서 이주민 집단의 군사적 도움을 받아 토착 귀족 세력을 견제하고자 한 것도 있다. 경계 지대의 산림은 대부분 헝가리 아르파드 왕가 소유의 왕령지로, 왕령지 개간과 경계 방어를 위해서도 이주민의 유치가 절실했다. 이러한 이유로 헝가리왕국의 주변부인 북동, 남서, 남동 지역에 경계 방어·광산 개발·교역을 목적으로 주거지가 세워졌고, 이곳으로 유입되는 이주자들에게는 다양한 특권이 부여되었다.

하지만 '평화의 전도사'로 불리기도 했던 기젤라의 삶은 힘겨웠고 불행했다. 두 명의 자식을 모두 잃고 남편마저 죽으면서 그녀는 황급히 도망가듯이 헝가리를 떠나야 했다. 새로 권력을 잡은 왕이 미망인이 된 그녀의 재산을 몰수하고 그녀를 구금했기 때문이다. 다행히 신성로마제국의 하인리히 3세가 개입해서 그녀를 신성로마제국 지역으로 무사히 데려올 수 있었다.

이후 그녀에 대한 기억은 사라졌다. 후대의 사람들은 그녀가 헝가리에서 죽었다고도 했다. 1908년에 다뉴브 강변의 작은 도시인 독일 파사우의 니더른부르크 수녀원에서 기젤라의 무덤이 발굴되면서 극적인 반전이 있었다. 그녀는 이곳에 머물면서 헝가리로 다시 돌아갈 수 있는 기회를 엿보다가 수녀로서 생을 마

독일의 국경 도시 파사우에 있는 기젤라의 무덤. 이곳은 오래전부터 헝가리인들의 순례지 이자 관광 명소이기도 하다. 기젤라는 죽어서도 오늘날까지 독일과 헝가리를 연결하는 가 교 역할을 하고 있다.

감한 것이다. 다뉴브강은 헝가리와 독일을 잇는 뱃길로 오래전부터 물자와 사람을 실어 날랐다. 그녀는 다뉴브강이 흐르는 국경 도시 파사우에서 경계 위의 유랑자로 생을 마쳤다. 독일 출신이었지만 어린 나이에 헝가리로 시집을 가서 그곳에서 40년 이상 살았기에 그녀에게 헝가리는 고향과도 같았으리라.

기젤라가 연결했던 독일과 헝가리의 경계는 천 년이 지난 지금도 계속 이어지고 있다. 기젤라가 살던 헝가리의 베스프렘과 생을 마감한 독일 파사우는 이제 자매 도시의 결연을 맺고, 주민들은 매년 서로 방문을 하면서 우의를 다지고 있다. 파사우 시민들은 베스프렘의 기젤라 예배당을 찾아 미사를 드리고, 베스프렘의 주민들은 기젤라의 무덤을 순례한다. 헝가리가 사회주의국가였던 1989년 이전에는 상상하기조차 어려웠던 일이다. 이념·민족·국가의 경계를 넘어 기젤라에 대한 초국가적 집단 기억의 연대가 형성되는 순간이다. 이것이 신성로마제국 황실의 여성이자 헝가리왕국의 국모였던 그녀가 21세기 유럽에서 평화의 전도사로 추앙받는 이유다.

더 읽을거리

- 마르크 블로크, 『봉건사회 I』, 한정숙 옮김, 한길사, 2010.
- 이상협, 『헝가리史』, 대한교과서주식회사, 1996.
- 차용구, 「헝가리 아르파드 왕조의 독일인 이주정책 연구: 13세기 전반기의 특허장을 중심으로」, 『서양사론』 149, 2021.

제4장

경계를 허문 남장 여성들

'남장男裝'의 사전적 의미는 '여자가 남자 차림을 하는 것'이다. 서양 중세의 대표적인 남장 사례로는 흔히 잔 다르크를 언급하곤 한다. 잔 다르크가 화형대에서 섰을 때에 죄목은 신성모독, 우상 및 악마 숭배, 배교 및 이단, 유혈 선동, 남장 등이었다. 그러나 중세에는 잔 다르크 외에도 남장 여인과 관련된 이야기가 많이 전해지며, 중세인들은 그 존재에 대해 깊은 신뢰를 보여주었다.

12세기 말부터 힐데군트라는 여성의 이야기가 전해온다. 독일 쾰른 출신인 그녀는 13세의 나이에 아버지와 함께 예루살렘 성지순례를 떠난다. 예루살렘은 예수 그리스도가 십자가에 처형당하고 부활했던 장소이기도 하지만 당시 십자군 원정은 예루살렘 순례 열풍을 일으켰다. 그러나 순례는 멀고 험난한 여정으로

VIRGO HILDEGVNDIS LATITANS SVB VESTE VIRILI
IOSEPH SEQ VOCANS HABITVM PETIT ORDINIS ALMI.

무릎을 꿇고 수도원에 입회를 청원하는 힐데군트. 16세기의 그림으로, 그림 아래에는 "소녀 힐데군트가 남자 옷을 입고 수도원에서 은신처를 구하고 있다. 요셉이라 불리었던 (그녀는) 이후 수도원에서 살았다"라는 문구가 적혀 있다.

예루살렘 방문을 마치고 돌아오는 길에 아버지는 병이 들고, 하인에게 어린 딸을 고향까지 데려가 달라는 부탁을 하고 숨을 거둔다. 하지만 이 사악한 자였던 하인은 그에게 맡겨진 돈만 챙기고 혼자서 몰래 도망가고 말았다. 구걸을 하면서 구사일생으로 신성로마제국으로 돌아온 힐데군트는 머무를 곳을 찾던 중 쇠나우 수도원에 들어간다. 이때 그녀는 대담하게도 '요셉'이라는 이름으로 남자 행세를 했다. 비록 목소리가 미성이어서 처음에는 의심을 받기도 했으나, 남자들과 공동체 생활을 하면서도 '그'의 생물학적 성은 죽을 때까지 밝혀지지 않았다.

그러나 오랜 여정으로 병약해져 있었던 데다가 쇠나우 수도원의 힘든 일과와 자신의 정체가 밝혀질 수도 있다는 강박증으로 육신은 점차 쇠약해져갔다. 쇠나우 수도원에 와서 불과 몇 개월 만에 중병에 걸린 '그'는 1188년 4월 20일에 숨을 거두었다. 임종의 순간이 다가오는 것을 인식한 '그'는 쇠나우 수도원 원장에게 임종 성사를 했다. 하지만 죽음의 순간에도 자신이 여성임을 밝히지 않았다. '그'가 숨을 거두고 장례를 준비하면서 '그'가 남장을 한 여자임이 드러났지만, 수도사들은 오히려 그녀를 신이 보낸 처녀로 공경하고 성녀로 불렀다. 이후 '요셉'-힐데군트의 이야기는 빠른 속도로 퍼져나갔다. 그녀가 머물렀던 쇠나우 수도원에는 이미 힐데군트를 위한 예배당이 세워졌고, 그녀의 소식을 전해 듣고 여러 지역으로부터 순례자들이 모여들어 그녀의 공덕을 기렸다고 한다.

후대의 학자들은 이 기이하고도 기적적인 이야기를 지어낸 것이라고 하지만, 일부에서는 그녀를 실존했던 인물로 보기도 한다. 당시의 순례자들 속에는 지위 고하를 막론하고 여인들이 많이 섞여 있었고, 먼 길을 떠나는 여성 순례자들이 안전상의 이유로 남장을 했기에 아버지가 어린 딸에게 남자 옷을 입혔다는 이

2012년에 힐데군트의 고향 쾰른에 세워진 기념비. 그녀의 실존에 대한 논란이 있지만 제막식에는 많은 마을 주민들이 참석해서 힐데군트를 기렸다.

야기는 충분한 설득력을 지닌다. 아버지의 급작스러운 사망으로 혼자가 된 어린 소녀는 낯설고 위험한 환경 속에서 생존을 위해 남자의 옷을 입고 남자로 살아야 했다. 이렇게 그녀는 점차 남자 연기에 익숙해져갔을 것이다.

비록 『신명기』 제22장 제5절에 있는 "여자가 남자 복장을 해서도 안 되고, 남자가 여자 옷을 입어서도 안 된다. 그런 짓을 하는 자는 누구든지, 주 너희 하느님께서 역겨워하신다"라는 율법처럼, 남녀의 옷 바꿔 입기를 금하고 있지만, 역사적으로 남장 변복 이야기들은 동서고금을 막론하고 끊이지 않고 전해진다. 「옥주호연玉珠好緣」, 「홍계월전洪桂月傳」, 「방한림전方翰林傳」 등의 한국 고소설에도 여성 주인공은 수학, 복수, 부모의 의지, 여성의 자아실현, 입신양명을 위해 남장을 한다. 남장 여성은 인기 모티브로 오늘날까지 「커피프린스 1호점」(윤은혜 분), 「성균관 스캔들」(박민영 분), 「바람의 화원」(문근영 분), 「기황후」(하지원 분) 등의 TV 드라마에 등장하곤 한다.

서양 역사에서는 복장 전환cross-dressing의 모티브가 고대부터 현대에 이르기까지 반복적으로 등장한다. 남장을 하고 남성의 영역인 아카데미에서 학문을 연마했던 고대 그리스의 여성 철학자와 관련된 일화는 잘 알려진 바 있다. 4세기 이후에는 '남장 성녀'를 주제로 한 작품들이 지속적으로 등장했다. 이들은 대부분 머리카락을 자르고 남자의 옷을 입고서 수도원에 들어가거나 사막에서 은수사隱修士로 생활했다.

로마가톨릭교회의 순교록에 기록되어 있는 에우게니아는 남장을 하고 이집트 알렉산드리아 인근의 어느 수도원으로 들어갔다고 한다. 이후 이곳의 수도원장까지 되었으나, 병간호를 하던 여인이 '그'를 성추행 혐의로 고발하면서 '그'는 수도원을 떠나야 했다. 이후 그녀는 로마로 갔고, 그곳에서 순교했다. 5세기의 마리나 성녀에 대해 전해오는 이야기도 에우게니아와 유사하다. 그녀의 아버지는 홀아비 생활을 청산하고 비티니아의 수도원에 입회하면서, 원장에게 자신의 아이가 마리노라는 남자아이이니 수도원에서 같이 살게 해달라고 부탁을 하여 허락을 받아냈다. 이후 마리나는 남자 수도자로 변장하여 생활했다. 그러던 중 비티니아 수도원 인근의 여인숙 주인의 딸이 아들을 낳았는데, 그 아들의 아버지가 마리나라고 여인숙 주인의 딸이 마리나에게 누명을 씌웠다. 마리나는 무죄를 주장하지 않고 침묵으로 감내하며 비티니아 수도원 문밖에서 걸식을 하면서 살아갔다. 그녀가 여성이었다는 사실은 그녀가 죽은 뒤에야 밝혀졌다.

테오도라 성녀의 경우도 이와 비슷했다. 알렉산드리아 총독의 아내였던 그녀는 집을 도망쳐 나와 이집트의 한 수도원으로 피신했다. 그곳에서 그녀는 남자로 변장하고 수도자들과 생활하던 중, 자신을 임신시켰다는 한 소녀의 모함을 받고 수도원에서 쫓겨났다. 그러나 그녀는 오히려 그 소녀의 아이를 맡아서 정성껏 키웠다. 이후 이 아이가 같은 수도원의 원장이 되었다. 이들 외에도 펠라기아와 테클라 성녀를 비롯하여 초대 교회의 많은 여성들이 남장을 했던 사례들이 발견된다. 지금까지 밝혀진 남장 성녀의 수는 40명에 달하며, 이들 대부분은 성인이 되어서도 남장을 하고 수도 생활을 했으나 죽은 다음에야 여성으로 밝혀졌다고 한다.

힐데군트가 남장에 성공할 수 있었던 이유를 밝히고자, 17세기부터 19세기까지 영국과 네덜란드 지역에서 밝혀진 119개의 남장 여성 사례들을 조사한 연구 결과는 흥미롭다. 이에 의하면, 대부분 16세에서 25세 사이의 젊은 여자였던 이들은 불우한 가

정환경 때문에 스스로 생계를 책임져야만 했다. 이 중 20여 명은 단 며칠 만에 남장 행위가 탄로 났으나, 20명 정도의 다른 여성들은 1개월에서 6개월까지 남자로 생활할 수 있었다. 40명 이상의 여자들은 짧게는 6개월, 길게는 10년 이상 남자로 살 수 있었다고 한다. 119개의 남장 사례는 빙산의 일각에 불과할 정도로 수많은 여성들이 변복을 하고 남자의 삶을 살아갔다.

물질적 빈곤, 험난한 현실을 벗어난 낯선 곳에서의 새로운 삶에 대한 동경, 애국심 등의 이유로 시작된 근대의 남장 여성 사례는 힐데군트와 잔 다르크의 경우에서처럼 중세에서도 그 양상은 비슷했다. 하지만 중세와 근대의 일탈적 남장 여성에 대한 원인과 관련해서는 트랜스젠더의 시각에서 보는 심층적인 분석도 필요해 보인다. 이들이 사회화의 과정을 경험하면서 생물학적으로 타고난 성 정체감을 느끼지 못하거나 혹은 다른 성 정체감을 가졌을 가능성도 배제하기 어렵기 때문이다. 힐데군트의 경우에도 자신의 외모와 성 정체성에 대해 스스로 의구심을 가졌을지 모르며, 그녀는 개인의 성에 대한 의학적-사회적 규정을 넘어서 스스로의 성 정체 인식을 통해서 남장 여성을 한 트랜스젠더로 살았을 수도 있다.

젠더 변이gender variance라는 용어는 학자들에 따라서 다르게 정의되지만, 대개는 자신에게 생물학적으로 부여된 성별에 대해 동조하지 않는 비순응성non-conformity을 젠더 변이의 핵심적인 속성으로 파악한다. 즉, 성별 비순응자는 남성이나 여성의 신체를 가지고 태어났지만 스스로를 반대 성의 사람으로 여기는 부

IN DORMITORII STRVCTVRA VIRGO LABORAT.
CHORVS IN PRIMO DVM PROBAT ASTRA PETIT.

쇠나우 수도원에서 남자 수사들과 노동을 하는 힐데군트. 수도원의 공동체 생활에도 불구하고 그녀의 성 정체성은 죽을 때까지 밝혀지지 않았다.

류다. 이분법적이고 결정론적인 성별 구분을 거부하는 젠더 변이의 범주 속에는 트랜스섹슈얼처럼 자신의 신체를 본인이 느끼는 성별에 맞도록 인위적으로 전환하는 성전환자가 포함된다. 그러나 성별 비순응자가 모두 성전환 수술을 받거나 원하는 것은 아니다. 다른 성별을 주장하고 그렇게 인지되기를 바라는 사례도 젠더 변이에 포함될 수 있다. 젠더 변이는 '성별을 가로지르는traversing 행위'로, 남녀의 성별 경계 자체를 초월하여 천부적으로 부여된 성 역할에 대한 고정적 관념에 도전한다.

1142년에 건립된 쇠나우 수도원은 시토 교단의 대다수 수도원과 마찬가지로 황무지에 세워졌다. 힐데군트가 입회할 무렵에도 수도원 건설과 경작지 개간이 진행 중이어서, 순결과 가난을 서약한 수도사들은 육체적 고통이 컸을 것이다. 이러한 힘든 육체노동과 간혹 '그'의 정체가 의심받으면서 심리적 압박감은 더욱 커져만 갔을 것이다. 그래서 쇠나우 수도원을 탈출하려는 시도가 몇 차례 있었고, 그때마다 무위로 끝나고 말았다. 그나마 죽을 때까지 남장 소녀의 정체가 발각되지 않았던 것은 오랫동안 고생만 하여 신경성 식욕 부진증 등으로 생리가 중단되었을 가능성이 높았기 때문일 것이다. 실제로 극단적인 고행을 실천하는 여성 수도자들은 생리 중단 현상을 겪는다는 연구 결과도 있다. 혹은 힐데군트의 정체가 밝혀지지 않은 것은 기도와 노동 이외에는 다른 것에 일절 관심을 갖지 못하게 했던 시토 교단의 엄격한 규율과 그로 인한 수도사들의 무관심 때문일지도 모른다.

힐데군트의 삶은 '연약한' 것으로 규정된 여성성을 극복하고 모험심, 강인함, 인내와 같은 남성적 덕목으로 점철되었다는 점에서 고대 말기의 남장 성녀들과 유사한 면을 보여주고 있다. 특히 초대 교회의 남장 성녀들이 영혼의 구원을 갈구하면서 자신

힐데군트의 고향 쾰른에는 그녀를 기리는 기념비가 세워져 있다. 성녀로 시성된 힐데군트의 축일은 4월 20일이다.

의 여성성을 부인하거나 새로운 성으로 '변신'함으로써 스스로를 정화하려 했던 것처럼, 힐데군트 역시 현실적인 이유로 자신의 여성성을 숨기거나 심각하게 고민해야만 했다. 하지만 그녀역시 음해에도 불구하고 외형적 성을 숨기면서까지 '순교'했던초대 교회의 남장 성녀들과 마찬가지로, 죽을 때까지 자신의 천부적인 성을 밝히지 않았다.

그녀의 삶이 지닌 역사성과 문학성의 구분은 명료하지 않다. 하지만 그녀가 실존 인물이든 남성 성직자들에 의해 창안된 인물이든, 두 경우 모두 중세 사회의 남성 우월적 지배 담론이 만들어낸 결과다. 현실 속에서 힐데군트는 생존을 위해서 남복을하고 '남자가 되어야만 했던' 비극적 인물이었으며, 이미지화된힐데군트 역시 여행·교육·정치·종교와 같은 남성들만의 공적인 영역에 진입하기 위해서 먼저 '천부적인 성'을 부정하고 '우월한' 성으로 변장해야만 했다. 남장을 하고 젠더의 경계를 넘어섰던 힐데군트의 역사성과 텍스트성 연구는 평범한 중세 여인의 좌절을 드러냄과 동시에 남성적 세계관에 의해서 연출된 일그러진 여성성을 보여준다.

더 읽을거리

- 안상준, 「중세 유럽 사회에서 여성의 전쟁 참여: 여성의 십자군 원정을 중심으로」, 『서양중세사연구』 18, 2006.
- 요셉 봐이스마이어, 『교회 영성을 빛낸 수도회 창설자: 중세교회』, 전헌호 옮김, 가톨릭출판사, 2001.
- 차용구, 『중세 유럽 여성의 발견: 이브의 딸 성녀가 되다』, 한길사, 2011.

제2부

중심과
주변

중심(center)과 주변(periphery)은 종속적 관계로 설명된다. 하지만 역사는 중심과 주변이 맞대고 있는 경계 지대의 역동성과 창조성을 증명한다. 주변에 대한 재인식이 필요하다. 중심이 주변을 일방적으로 재현하고 구성한다는 논리를 비판하는 탈중심주의적 사고가 요구된다. 이미 미국의 역사학자 프레더릭 잭슨 터너는 고전적 저서 『미국사와 변경』에서 "미국의 프론티어(주변)의 변화가 역으로 연방정부(중심)의 행정 체제를 바꾸었다"는 사실을 확인한 바 있다. 독일 현대사의 중심인 프로이센도 독일 최북동부 변경 지대에서부터 부상했다. 역사에서 영원한 중심과 주변은 없어 보인다.

역사적으로 주변(경계)의 창조성은 중앙정부의 영향력이 상대적으로 미약해서 주변 지역에 세력 기반을 마련할 수 있었기에 가능했다. 주변은 '새로운 중심이 되는 창조적 공간'으로 이해할 필요가 있다. 역사가 마르크 블로크조차도 서양 중세 세계의 '벽지(僻地)'로 불렸던 지중해 연안의 국가들은 서구 그리스도교·비잔티움·이슬람 문명의 경계이자 중재자 역할을 수행했다고 한다. 유럽과 아시아 그리고 아프리카를 잇는 이들은 중심의 단순한 종속적 존재가 아닌 창조적 주체였다. 이러한 관점은 중심에 종속된 주변이라는 오래된 지배 담론에 균열을 내고 틈새 읽기를 시도하게 한다.

제5장

경계를 넘는 사람들

예술가의 국적 논쟁

우타와 레글린디스 입상이 있는 나움부르크 대성당은 2018년 유네스코 세계유산으로 선정되어 다시금 세간의 주목을 받았고, 이들의 입상을 만든 '나움부르크의 장인'도 새롭게 부각되었다. 이 석공의 손에 의해 독일 고딕 예술의 정수가 담긴 작품이 탄생했지만 우리는 그의 이름조차 알지 못한다. 단지 그가 '독일인'이니, '프랑스인'이니 하는 국적 논쟁만 있을 뿐이다. 그는 프랑스의 발달된 문화를 독일에 전파한 프랑스 출신의 예술가로, 혹은 이와는 반대로 순수한 독일적 예술을 창조한 '독일의' 천재 작가로 각각 애국주의적 잣대로 그의 국적만을 추적한다.

프랑스 학자들은 '중심'인 프랑스의 발달된 문화가 '주변'의

나움부르크 장인이 제작한 독일 마인츠 대성당의 작품. 1240년경 제작된 것으로 나움부르크 장인이 프랑스에서 습득한 예술 기법을 잘 보여주고 있다.

독일로 확산되어 그곳의 낙후된 문화 발전에 기여한다는 문화 중심론과 전파론을 주장했다. 이는 중심에서 기원한 문화가 이주를 통해서 주변 문화에 자극을 주었다는 해석이다. 반면 독일에서는 독일인의 생물학적인 문화 유전자가 능동적이고 창조적인 작품을 탄생시켰다고 보았다. 이는 문화 진화론적인 관점에 근거했다. 하지만 두 학설 모두 자문화 중심적이라는 비판을 피할 수 없을 것이다.

그간의 국적과 혈통 논쟁에도 불구하고 이 장인은 프랑스 북부의 누아용, 아미앵, 랭스 등 여러 도시에서 활약했고, 1230년 경 마인츠로 와서 마인츠 대성당의 제대 난간의 작품을 제작했으며, 그 후 동부 국경의 나움부르크로 작업장을 옮긴 것으로 밝혀졌다. 이 장인이 국경을 넘나들며 활동했던 덕분에 랭스 대성당 서쪽 문 옆에 성모 마리아에게 수태고지하며 미소 짓는 천사의 조각상이 레글린디스의 밝게 웃는 얼굴에 입체적으로 환생한 것을 우리는 지금 볼 수 있는 것이다. 그렇다면 우타와 레글린디스의 입상은 유럽의 문화적 유산을 접목해서 만들어낸 초국가적인 예술 작품이라 할 수 있을 것이다.

「나움부르크 장인: 유럽 성당의 조각가와 건축가」라는 주제로 2011년 독일에서 개최된 지역 박람회의 명예 대회장은 당시 프랑스 대통령 니콜라스 사르코지와 독일 총리 앙겔라 메르켈이었다. 앞의 이야기(「제1장 경계에 선 여인들」 참조)에서 설명했듯이, 독일 민족과 통합을 상징했던 우타는 이렇게 독일-프랑스라는 국경을 초월한 초국가적 기억의 상징이 되었다. 이는 단순히 예술가에게 이중국적을 부여하는 것이 아니라 민족 예술에서 '민족'이라는 명칭을 포기한 것이다. 나움부르크의 기증자 상은 특정 국가의 소유물이 아닌 중세 유럽 역사의 퇴적물로서 '유럽'의 문화적 자산이라는 인식이 점차로 확산되어가고 있다. 예술가의 국적은 예술 그 자체이며, 문화는 국경이 없다는 말이다.

'나움부르크 석공'이 우타 입상에 독일인의 혼을 불어넣었다고 칭송하면서 예술 작품의 국적을 강조했던 시대와는 다르게, 이제 우타와 레글린디스 입상은 프랑스·독일·동유럽이라는 국

프랑스 랭스 대성당의 미소짓는 천사의 모습. 랭스 대성당은 '천사들의 성당'이라 불릴 정도로 외벽에 여러 천사 조각상이 있는데, '미소짓는 천사'는 이 중에서 가장 인기가 있다.

가의 경계를 넘어서 범유럽적 기억의 장소로 재현되고 있는 것이다. 최근에는 나움부르크 장인과 그의 팀이 폴란드·헝가리 등 동유럽 지역에서 활동한 것이 밝혀졌기 때문이다. 나움부르크 대성당이 2018년에 유네스코 세계유산으로 선정될 수 있었던 것도 바로 여러 국가를 넘나들었던 장인이 만든 초국경적 유산이었기 때문이다. 이로써 더 이상 민족과 국민국가의 상징이 아닌 유럽의 문화적 정체성과 공동 기억이 탄생할 수 있게 되었다.

상이한 개별 집단의 기억을 무기 삼아 벌어지는 기억 전쟁 memory war은 최소한 유럽에서만큼은 이제 서서히 종식되어가고 있는 듯하다. 갈수록 국가 간의 공통 역사와 문화 정체성을 확인하는, 그래서 국경을 초월한 초국가적 기억을 되살리는 작업이 요구된다. 초국가적 기억의 장소를 발굴하는 작업으로 배타적인

프랑스 북부와 독일 마인츠에서 활동하던 장인이 제작한 나움부르크 대성당의 레글린디스. 랭스 대성당의 '미소 짓는 천사'의 미소를 얼굴에 머금고 있는데, 고딕 조각상에서 사람이 이처럼 웃고 있는 경우는 극히 드물다.

국가주의적 기억의 공백을 채우고, 민족국가의 날카로운 모서리로만 이해되는 국경에서 진행되었던 얽힘의 역사를 복원할 수 있을 것이다. 전통적으로 경계는 단절, 통제, 차단, 보호의 기능을 갖는 배타적 선의 개념으로 이해되어왔으나, 나움부르크 장인의 경계를 넘나드는 예술 활동은 국경이 다양한 사고와 경험을 잇는 연결고리임을 보여준다.

초국가적 기억의 장소를 찾아서

민족문화의 순수성, 단일성, 차별성을 강조하는 기존의 국가적 기억 정책은 국경선을 놓고 벌였던 국가 간의 갈등을 대중의 애국심 고양을 위해 과장하고 왜곡했다. 복제 기술을 활용해 사이비 아우라를 만들어내면서 '정치의 심미화'를 추구했던 문화 정책과 언론은 이를 다시 증폭시켜왔다. 이 과정은 우타와 레글린디스의 입상처럼 특정 목적에 봉사하는 기억의 장소를 조성해 부각시키고는 했다. 그러나 이제는 일국사적 의미 이상을 지니는 초국가적 기억의 장소를 발견하는 연구와 작업이 진행되고 있다.

이를 위해서는 먼저 경계에 대한 상이한 기억과 해석들을 드러냄으로써 타자의 시각을 이해할 필요가 있다. 역사적으로 경계는 살벌하고 냉랭한 기운이 감도는 분단선이자 경계의 이쪽과 저쪽이 만나는 광장 혹은 문지방이기도 했다. 경계를 다중 정체성이 발현되는 초국가적 기억의 장소로 만드는 작업은 차이에 대한 인정과 소통, 상호 이해, 흑백논리의 지양이 필수다. 따라서 이는 단순히 인위적인 기억 작업을 통해 지역적 기억을 초경계적 의미로 확장하는 것만이 아니라, 단절되었던 지역·국가적 기억을 비교해 서로를 이해하고, 공통의 기억은 물론 다양성 그 자체를 공유하는 새로운 구도를 만드는 작업이다. 쌍방향적 기억의 복원은 민족적 자부심만을 강조하지 않고, 자신의 폭력적 역사를 반성함으로써 민족적 기억 속에 폭력으로 얽힌 어두운 역사를 수용하게 한다. 상대방의 감정을 헤아리는 이러한 경계 사유를 실천할 때 민족국가의 배타성은 탈민족적 포용성으로 대체될 수 있다.

초경계적 기억 연구는 국경에 스며들었던 일상적 삶의 궤적을 추적할 수 있다. 이는 근대국가의 정치·사회·경제 엘리트 집단이 기획하고 설정했던 '민족국가의 컨테이너'인 국경을 넘나들던 초국가적 요소와 연계망을 조사하고 국가적 범주 밖에서 생성된 기억을 수집해 재구성함으로써 역사를 위와 아래로부터 동시에 재조망하는 작업이다. 일국사적 집단 기억을 넘어선 초국가적 기억 연구의 수행은 국가가 기념일 혹은 기념행사, 묘역·기념비·박물관·기념관 등의 다양한 기억의 장소를 통해 강화한 국가 주도적 지배 기억의 공백을 메울 수 있다. 동시에, 국가의 '기억 정치'가 지배 기억을 재생산하는 공간에서 의도적으로 배제하고 망각했던 대항 기억도 복원할 수 있을 것이다.

우리는 여전히 기억의 전쟁 시대에 살고 있다. "역사는 기억이 지시하는 대상으로만 존재한다"는 폴 리쾨르의 지적처럼, 국경 지대를 자국 역사로 편입시키면서 자문화 중심적 기억과 이념을 주조했다. 상이한 개별 집단 기억을 무기 삼아 벌어지는 기억의 전쟁을 종식시키려면 국가와 국가 간의 공통 역사와 문화 정체성을 확인하려는 국경을 초월한 초국가적 기억을 되살리는 작업이 요구된다. 초국가적 기억의 장소sites of transnational memory를 발견하는 작업은 국가주의적 기억의 공백을 채우고, 민족국가의 날카로운 모서리로 이해하고 있는 국경에서 실제 진행되었던 혼종과 얽힘의 역사를 복원할 수 있을 것이다. 폭력의 상흔이 고스란히 남아 있는 국경선이 평화와 상생의 공간으로 현전했으면 한다.

더 읽을거리

■ 고유경, 『독일사 깊이 읽기: 독일 민족 기억의 장소를 찾아』, 푸른역사, 2017.
■ 김승렬 외, 『유럽의 영토 분쟁과 역사 분쟁』, 동북아역사재단, 2008.
■ 앙리 포시용, 『로마네스크와 고딕』, 정진국 옮김, 까치, 2004.

제6장

하멜른의 피리 부는 사나이

1284년 하멜른이라는 도시에 이상한 남자가 나타났다. 울긋불긋하고 알록달록한 무늬의 옷을 걸치고 있어서 사람들은 그를 "얼룩이"라고 불렀다. 사내는 자신이 쥐 사냥꾼인데 약간의 보수를 주면 도시에서 쥐들을 모두 퇴치하겠노라고 호언장담을 했다. 시민들은 그와 계약을 맺고 보수를 약속했다. 그러자 이 정체불명의 남성은 피리를 꺼내 불기 시작했다. 놀랍게도 골목 곳곳에서 쥐들이 기어 나오더니 마치 무엇에 홀린 듯이 그 사내 주위로 모여들었다. 이때를 놓치지 않고 쥐 사냥꾼은 쥐 떼를 근처의 베저 강가로 끌고 가서 모두 빠져 죽게 했다.

그런데, 막상 골칫거리였던 쥐 떼가 사라지자 시민들은 이런저런 구실을 붙여가면서 약속한 수고비를 지불하지 않으려고 했다. 화가 치밀 대로 치민 사내는 도시를 떠나버렸고, 그로부터

하멜른의 피리 부는 사나이. 독일의 하멜른에서 전해 내려오는 이야기이지만, 최근 연구에 의하면 중세 독일의 동유럽 이주와 밀접한 관련이 있다.

시간이 좀 지난 후인 6월 26일 아침 7시에(정오라고 말하는 사람도 있었다) 다시 나타났다. 하지만 이번에는 험악한 표정에 사냥꾼 복장을 하고 괴상하게 생긴 빨간 모자를 쓰고 있었다. 그는 도시 곳곳을 누비고 다니며 피리를 불어댔는데, 그러자 이번에는 쥐가 아니라 네 살 이상의 아이들이 우르르 달려와서 그 남자의 뒤를 따라갔다. 그중에는 나이 먹은 다 큰 시장의 딸도 있었다. 모여든 아이들은 무리를 지어 사내를 따라서 마을 밖 산속으로 영원히 사라졌다. 사라진 아이들은 모두 130명이었다(그림 형제의 「하멜른의 아이들Die Kinder zu Hameln」 중에서).

　이 전설 같은 이야기는 실제 사건에 토대하여 구성되었다고 한다. 1284년 독일 중북부의 하멜른에서 실제로 아이들 130명이 집단으로 실종되는 사건이 발생했다. 당시 인구 2천 명 안팎의 작은 도시에서 130명이 한순간에 사라지는 참으로 놀라운 일이 벌어진 것이다.

역사의 전설화

최근까지도 하멜른 아이들의 집단 실종 사건에 대해서는 숱한 연구가 진행되었다. 피리 부는 사나이의 꾐에 넘어가 '광란의 무도舞蹈 의식'에 참가했던 아이들이 길을 잃고 돌아오지 못했다거나 (그래서 아이들이 사라졌던 하멜른의 거리Bungelosenstraßen에서는 지금도 춤과 음악이 금지되어 있다고 한다), 아이들이 '소년 십자군 원정'에 동원되었다는 주장도 제기되었다. 그 외에도 피리 부는 사나이가 전투의 나팔수였는데 아이들이 그와 함께 전쟁에 참여했다는 이야기도 전해진다. 산에서 놀던 아이들이 흙 사태를 당했을지도 모른다는 '천재지변 설' 혹은 흑사병과 같은 질병에 의해 목숨을 잃었다는 '전염병 설'도 있었다.

그러나 가장 신빙성이 높은 주장은 '집단 이주설'이다. 당시에는 오늘날의 폴란드, 체코·슬로바키아, 헝가리 등의 동유럽 지역으로 이주를 했었는데, 아이들도 '로카토르locator'라 불리던 이주민 모집책에 의해서 새로운 지역으로 이주했다는 것이다. 최근에는 하멜른의 '실종자' 대부분이 나이 어린아이들이 아니라 젊은이들이며 자발적인 이주였고, 지명과 거리명 등의 변천 과정 분석을 통해 이들의 이동 경로를 보면 이들이 폴란드로 향했음을 밝히기도 했다. 당시 신성로마제국에서의 동유럽 이주 비율이 평균적으로 대략 7퍼센트였다고 하니, 하멜른의 경우 전체 주민의 15퍼센트가 불시에 마을을 떠난 것이었다. 이 수치는 상당히 높은 편으로 이로 인한 노동력 유출 등 우려가 컸을 것이고, 아마도 이러한 무거운 분위기가 '피리 부는 사나이'라는 이상한 소문을 유발했을 것으로 보인다.

인류는 생존을 위해 이주를 해왔다. 사람들은 대체로 인구가 증가하면 개간을 해서 경작지를 늘렸다. 황무지와 숲을 개간하고, 대규모 노동력과 자금을 투입해서 강가와 해안에 둑을 쌓고 주변의 땅을 간척하여 경작 면적을 넓혀갔다. 하지만 인구 증가로 인한 식량 부족 문제를 해결하기 위한 또 다른 생존 전략은 바로 이주였다.

중세 서유럽은 1000년 이후 인구가 급증했다. 900년부터, 특히 1180~1300년 사이에 중세 온난기Medieval Warm Period가 시작되면서 최적의 따뜻한 기후는 농업 생산성 향상과 교역 확대를 가져왔다. 이주에 유리한 기후 조건은 이 기간에 진행되었던 바이킹 디아스포라, 노르만족의 잉글랜드 정복(1066), 십자군 원정과도 무관하지 않아 보인다.

하지만 수확량 증가와 농촌 경제의 호황은 인구 과밀 현상을 불러일으켰으며, 사람들은 상대적으로 인구 압박이 적은 동유럽과 이베리아반도 쪽으로 눈을 돌렸다. 그 결과 남프랑스의 인구 과밀은 에스파냐 레콩키스타reconquista(재정복전쟁)로 이어졌고, 이렇게 해서 경작지 부족과 인구 문제를 해소할 수 있었다. 중심에서 주변으로 초경계적 이주가 진행되었고, 이는 주변(개발도상국)에서 중심(선진국)이라는 오늘날의 이주 양상과는 사뭇 다르다. 역사적으로 중심은 주변이 있었기에 존속 가능했고, 둘 사이의 상호작용으로 중심은 내부 문제를 해결하고 성장할 수 있었다.

동유럽 지역도 상대적으로 인구밀도가 낮았다. 신성로마제국의 주교이자 역사가였던 오토 폰 프라이징은 제3차 십자군 원정 때 1147년에 헝가리 지역을 지나면서 그곳의 모습을 생생하게 기록한 바 있다. 이 지역의 자연은 "신의 은총으로 낙원처럼 풍요로워 이집트의 곡창지대를 연상케 한다." 그러나 비옥한 토지가 널려 있었지만 많은 지역이 경작되지 않은 채 그대로 방치되어 있었다고 한다. 갈대로 지어진 가옥은 보잘것없었으며 나무와 돌로 된 주거지도 찾아보기 힘들 정도여서 사람들이 여름과 가을에는 임시 가옥에서 생활하는 모습이 목격되기도 했다. 그래서 이처럼 매력적이지만 낙후되고 개발의 여지가 많은 곳에 고향 사람들이 상당수 이주하기 시작했고, 이들 중 일부 귀족들principes은 헝가리의 왕을 지척에서 보필했다고 한다.

실제로 12세기 중반 헝가리에는 신성로마제국으로부터 이주가 진행되었고 이들은 농부, 광산 기술자, 수공업자, 상인, 귀족으로서 주로 헝가리 동부, 즉 오늘날 대부분 루마니아의 영토인 트란실바니아 지역에서 다양한 형태의 촌락을 형성하고 광산업과 소금 채취 및 교역에 종사했다. 하지만 동방 이주와 정주는 11 세기 말부터 오늘날의 독일 지역 출신 사람들뿐만 아니라 서쪽 지역의 프랑스 북부, 플랑드르인, 네덜란드인들도 본격적으로 가담하면서 유럽적 차원에서 진행되었다. 따라서 독일만이 인근 동유럽 국가들을 개발시켰다는 국수주의적 주장은 허구다.

이주는 대체로 두 갈래로 진행되었다. 일부는 엘베강, 잘레강, 오데르강이 있는 동북 쪽으로, 다른 일부는 중부와 남부의 체코 와 슬로바키아, 오스트리아, 헝가리로 향했다. 이미 동유럽 (원) 주민들에 의해서 상당한 경작이 이루어졌지만 오토가 목격했듯 이 여전히 일손이 부족했다. 왕과 세속·종교 통치자들이 직접 나서서 서유럽에서 사람들을 이주시켜야 할 정도로 '이주 열풍' 이 유럽 대륙 전역에 불었다.

12세기 중반 유럽의 이주 시대를 직접 경험한 연대기 작가 헬 몰트 폰 보자우에 의하면, 1143년에 샤우엔부르크-홀스타인 의 백작 아돌프 2세는 슬라브족들을 정복하고 이들로부터 빼앗 은 발트해 연안 지역으로 직접 이주를 단행했다. 수하에 많은 사 람들이 있었지만 "자신이 살던 홀슈타인을 떠나면서 그는 플랑 드르·홀란트·위트레흐트·베스트팔렌·프리슬란트 등의 서유럽 지역에 전령을 보내 농지가 부족한 사람들은 누구나 가족과 함 께 아름답고 광활하고 풍요로운 방목지가 있고, 물고기와 고기 가 충분한 이곳으로 오도록 했다."

당시 인력난을 겪던 동부 유럽에서는 이주민 모집책을 통한 이주가 일반적이었다. 물론 헝가리와 같은 신흥 왕국에서는 중간 모집책을 거치지 않고 왕이 직접 나서서 해외로부터의 이주를 장려하는 경우도 있었다. 그래서 헝가리의 이주민들은 왕이 직접 데리고 온, 즉 "짐의 부름"을 쫓아온 사람이라고 불리기도 했다.

초청받은 손님들

중세에 동유럽으로 이주한 사람들은 라틴어의 손님들이라는 뜻의 '호스피테스hospites'로 불렸다. 이주 수용국의 필요에 의해서 유입된 이들은 이른바 초청 이민자였다. 그래서 초청자인 왕이나 귀족들은 이들에게 다양한 특권을 보장하는 특허장을 발행했다. 약속된 미개척지의 개간 외에 공납과 군역의 계약 조건을 충실히 이행한다는 조건하에, 이들의 정치와 종교적 권리가 인정되었다. 이렇게 해서 이주민들은 자신의 종교와 문화 정체성을 유지할 수 있었다.

유럽 동쪽 끝자락에 걸쳐 있던 헝가리에는 중세 시대에 무슬림 이주자들도 있었는데, 이들이 사는 마을에서는 종교의 자유가 보장되었다. 이처럼 왕국 내에서 다양한 종교 집단들이 구획된 공간에 거주하면서 서로 섞이지 않으며 분리된 생활을 했지만, 마을들 간의 관계는 적대적이라기보다는 우호적이고 서로 도우며 살아갔다는 점에서 공생적이었다.

이주민들은 마을의 대표자와 사제를 직접 선출하는 자치권도

행사했고, 경미한 법적 분쟁의 처리 및 치안 유지의 임무를 수행하면서 재판권과 경찰권을 가졌던 치안판사도 스스로 선출할 수 있었다. '손님 이주민들'은 상속권과 같은 경제적 권리도 보장받으면서, 옛 고향에서도 느낄 수 없었던 자유를 새로운 정착지에서 누렸던 것이다. 이러한 이주민 특혜 정책을 고려하면, 인구 2천 명 정도의 하멜른에서 130명이 한순간에 동유럽으로 사라졌다는, 정확히 말하면 이주했다는 사실이 허황된 전설은 아닐 것이다.

동유럽 이주민들은 다양한 지역에서 생활 터전을 잡았지만, 이들은 새 정착지에서 토지를 개간하거나, 교역과 광산업에서 주로 일을 했다. 특히 소금은 음식물 저장 외에도 치즈 생산에서도 필요했다. 사람뿐만 아니라 소와 말과 같은 초식동물들도 소금을 섭취해야만 했다. 사람이 1년에 1.5~2킬로그램의 소금을 섭취해야 한다면, 소는 33킬로그램, 말은 18킬로그램이 필요했다. 중세를 먹여 살린 산업이 소금 생산업이라 해도 과언은 아닐 것이다. 폴란드와 루마니아에 걸쳐 있는 카르파티아산맥에서 암염이 채굴되면서 서유럽 이주자들이 돈을 벌기 위해서 이곳으로 몰려들었다.

그림 형제의 「하멜른의 아이들」에서 '동굴 속으로' 사라진 아이들이 다시 나타난 곳이 지벤뷔르겐Siebenbürgen(트란실바니아)이라는 이야기도 터무니없는 말은 아닐 것이다. 이곳은 암염 채굴 지역인 카르파티아산맥 자락에 있기 때문이다. 12세기부터 서유럽에서는 혁신적인 소금 채취 기술이 개발되었다. 이는 깊은 지층까지 수직갱도를 뚫고 갱도에 물을 채워 넣어 녹은 암염을 용해하는 방법이다. 이러한 당시의 첨단 채굴 방법으로 독일 뤼네부르크의 제염소에서는 소금 생산량이 1200년경 5,200톤에서 1300년경에는 1만 5천 톤까지 세 배로 늘어날 수 있었다. 이러한 신기술을 체득하고 연마한 서유럽의 암염 채굴 기술자들은 특별 대우를 받고서 동유럽 산악 지대로 이주를 했던 것이다.

인구 증가, 이주, 교역망의 확산으로 유럽의 경제는 물물교환 경제에서 화폐경제로 전환되었다. 그 결과, 은화가 주조되었고 유럽 곳곳에서 은광 개발이 활기를 띠었다. 1000년경부터 헝가리의 카르파티아산맥과 부다페스트 북쪽에서 은이 채굴되기 시작했고, 12세기 후반에는 보헤미아의 미즈Mies 은광, 1220/1230년부터 시작된 이흘라바 은광, 1300년경 쿠트나호라 은광이 개발되었다. 여기서 채굴되고 주조된 은화는 동유럽 이주민들의 고향인 독일, 네덜란드, 플랑드르, 브라반트와 잉글랜드로 (역)수출되었다.

역사 논쟁

최근의 역사학자들은 12세기 초반부터 14세기 중반까지 250여 년을 동방 이주 시기로 명명하면서 이 시기의 동유럽 지역을 개척과 이주의 공간으로 상정했다. 하지만 기존의 연구는 동유럽 지역으로의 영토 확장과 독일기사단의 프로이센 정복에서 드러난 군사, 정치적 팽창에 주목하면서 침략과 수탈, 가해와 피해, 우월과 열등의 이항 대립적 관점에서 벗어나지 못했다. 동유럽의 학자들은 중세의 이주를 영토 확보를 위한 탐욕스러운 서구 봉건 왕국의 침탈 행위로 규정했고, 여기에 반독일적 감정을 고스란히 투영했다. 중심-주변의 대항적 시각이 팽팽하게 맞섰다.

제1차 세계대전 이후에 독일 역사학계는 동방 실지失地에 대한 역사 주권을 중세의 '식민 운동'에서 찾았으면서, 동방 이주와 관련해서 우월한 독일 문화의 이식이라는 문명 전파론 또는 동쪽의 슬라브 지역으로 갈수록 문명은 낙후된다는 문명 하향론Kulturgefälletheorie 등의 국수주의적인 주장을 했다. 독일의 역사학은 중세의 동유럽 이주를 "독일의 동방 식민화deutsche Ostkolonisation", "독일의 동방 운동deutsche Ostbewegung", "독일의 동방 이주deutsche Ostsiedlung"로 정의함으로써 민족사Volksgeschichte의 범주에 한정시켰다. 그러나 동유럽 지역으로 이주한 사람들 중에는 독일인만 있었던 것이 아니고 유럽 각지에서 온 이주민들이 섞여 있었다.

문화 전파론을 지지하는 학자들은 중심(서유럽)에서 주변(동유럽)으로 선진 문화가 전파되었다는 것을 강조한다. 이러한 동유럽에 대한 독일적 오리엔탈리즘은 슬라브족의 정치적 무능함과 낮은 경제적 수준을 부각시킨다. 즉 문화적으로 미개한 이 문화 부재의 공간은 서유럽 선진 문화에 흡수·동화될 수밖에 없었다는 주장이다. 이주에 대한 전통적인 해석은 이처럼 자문화 중심적으로 전개되었고, 이주민과 원주민의 문화 교류와 협력적 측면을 등한시하면서 슬라브 원주민 문화를 철저하게 타자화하는 해석을 시도했다.

중세 동방 이주에 대한 19세기와 20세기 초반의 역사 서술은 동부 유럽을 개화시킨 독일의 '문명화 사업'이 갖는 문화적 업적을 부각시키고 이를 독일의 역사적 사명으로 인식하면서 구 슬라브 영토가 독일 공동체에 귀속되는 과정에만 초점을 맞추었다. 중심은 주변을 철저히 배제하고 타자화한 것이다. 하지만 이러한 해석은 비역사적으로, 오히려 중세의 동유럽 '주변'이 서유럽 '중심'을 적극적으로 차용하고 자신의 문제를 해결하는 수단으로 활용했다.

이러한 문화 팽창론은 동방 이주 이전 슬라브 문화의 후진성을 전제로 하는데, 특히 시토 수도회의 개간과 도시 건설 활동에 대한 연구는 로마가톨릭 문화의 우월성을 강조한다. 수도사들과 이들과 함께 온 개척자들은 낙후된 슬라브의 불모지terras desertas에 문명을 전파하는 전도사의 역할을 했다는 것이다. '무능력한 슬라브족', 특히 '가난하고 게으른 폴란드인'이 거주하던 지역은 시토 수도사들에 의해서 "본격적으로 개간될 수 있었던" 점이 강조되었다. 이는 누구에게도 속하지 않는 동유럽 영토에 대한 무주지terra nullius 선점의 논리를 통해서 역사 주권을 옹호하고 있는 것이다(구체적인 내용은 이 책의 「제13장 이주민이 만든 나라 헝가리왕국」 참조).

문명 전파론은 독일의 문화가 슬라브에 대해 일방적 우위를 차지하며, 문화 발전의 요인을 내부가 아닌 외부에서 찾고 진화론적 시각에서 우월한 문화의 전파를 강조하면서, 슬라브족은 역사와 문화가 없는 집단으로 치부되었다. 19세기 초에 출간된 책에서 요한 프리드리히 라이테마이어는 '동방적 풍습'의 미개한 슬라브족들은 중세 '독일 민족'의 동유럽 이주로 '쫓겨나면서' 이 지역은 '게르만화되었고', 그로 인해서 '문화와 쾌적한 생활'을 향유할 수 있게 되었다고 주장한다. 독일인들의 이러한 '혁신적인 공헌 활동'의 결과, 문명의 황무지에서 진보가 가능해졌다는 목소리다.

중세 동유럽 이주를 설명하는 또 다른 프레임은 '선행 문화 말살론'이다. 슬라브 절멸론이 바로 그것으로, 19세기에 폴란드와 체코슬로바키아의 독일 동부 지역에 대한 고토古土 회복의 이론적 토대를 마련하기 위해 고안된 이론이었다. "오데르강 서쪽의 슬라브족들은 십자군 운동 시기에 사실상 소멸되었다"라고 주장한 역사학의 아버지 레오폴드 폰 랑케도 슬라브족 집단 학살을 초래한 군사작전을 '성공적 역사'로 치켜세운 바 있다. 슬라브족들이 '절멸된' 멕클렌부르크, 포메른, 브란덴부르크, 슐레지엔의 경계 지대로 이주한 독일의 귀족, 시민, 농민은 이곳에서 새로운 종족Stamm을 형성했다는 주장이다.

하인리히 에른스트와 같은 19세기의 역사가들도 우월한 군사력을 갖춘 독일인이 '새로운 독일 국가'를 건설하기 위해서 슬라브 원주민들을 말살했고 살아남은 자들도 도망갈 수밖에 없었다는 '선행 문화 말살론'을 제기한다. 지배 영역의 배타적 전유를 위한 문화적 순수성을 강조하는 영토 순결주의가 기획된 것이다. 영토 내의 모든 역사를 '독일화'하기 위한 물밑작업으로 이민족의 역사를 철저히 배제해야만 했다.

비록 독일의 슬라브족 정복에 이은 말살 이론은 이미 20세기 초에 부정된 학설이지만, 이후에도 슬라브 원주민들이 독일 이주민들에 끼친 영향력은 학계에서 최소화되었다. 그 결과, 슬라브 원주민과 독일 이주민의 혼거混居와 혼혈은 부정되고 이들의 지속적인 상호 교류와 공존에 대한 인식은 지극히 부족했다. 슬라브 절멸론은 발터 슐레징어와 같은 20세기 후반 서독의 대표적인 역사가에 의해 계속해서 옹호되었다.

폴란드의 서유럽 연구

독일의 동유럽 연구가 베르사유 조약(1919)과 이로 인한 폴란드 지역의 영토 상실에 대한 반발로 시작되었고 바이마르공화국과 나치 시대에 그 정점에 도달했다고 한다면, 폴란드의 서유럽 연구Polskie badania zachodnie는 제2차 세계대전 직후 오데르-나이세 국경이 획정되고, 한반도의 남한 면적보다 넓었던 독일 동부 영토가 폴란드에 넘어가면서 본격화되었다. 이는 일종의 중심에 대한 주변부의 저항 담론으로, 이제 역사가 영토 분쟁의 수단이자 저항 무기가 되었다.

물론 제2차 세계대전 직전에도 독일과 폴란드 역사가들 사이에 국경 지대에 대한 역사 논쟁이 없었던 것은 아니다. 이 점에 있어서 '1025년 볼레스와프 1세 흐로브리의 왕위 등극' 900주년을 기념하기 위해 1925년에 개최된 제4회 폴란드 역사학 대회가 갖는 상징적 의미는 크다. 왕위 등극 문제 자체가 양국 학계에서 논란이 되고 있던 사실은 차치하고라도, 이 학술대회의 결과물은 독일 학자들의 반발을 사기에 충분했다. 1933년에는 폴란드 학자들에 의해서 『고대부터 1400년까지의 실롱스크 지역사』가 출간되었는데(실롱스크는 오데르강 상류에 위치한 독일과 폴란드의 접경지대를 일컫는 폴란드어로, 이곳의 독일어 명칭은 슐레지엔이다), 이는 역사적 연속성의 강조를 통해 '되찾은 영토'의 영유권 주장을 입증하기 위한 정치적 기획의 결과물이었다.

'수복 영토ziemie odzyskane'로 주장되는 포메른과 슐레지엔은 폴란드인들에게 '조국의 요람'으로, 독일 측의 국경 수정 압력은 '독일의 위협'으로 비쳤다. 실지失地 회복을 요구하는 독일의 호전적인 주장에 대해, 폴란드의 학자들은 제1차 세계대전과 제2차 세계대전 이후 할양된 지역은 폴란드의 고유한 영토임을 역사적으로 증명하는 지상과제를 떠맡게 되었다. 그 중심에 섰던 포즈난대학은 포메른, 동프로이센, 슐레지엔의 '탈환'을 통해서 이 지역이 중세에 '재슬라브화', '재폴란드화'되었음을 입증하는 작업을 했다.

여기에 선두적인 인물은 지그문트 보이치에호프스키로, 그는 폴란드 중세사의 대표적 학자였던 오스발트 발처의 수제자로 제2차 세계대전 직후 폴란드의 서유럽 연구를 주도적으로 이끌었다. 그는 전후 폴란드가 탈환한 오데르강-나이세강 동부 지대는 본시 1337년까지만 해도 폴란드 영토였으나 독일인들에게 빼앗겼다가 되찾았다는 '영토 수복론'을 주장한다. 이를 뒷받침하기 위한 논리로 수복된 지역의 폴란드적 성격이 지나칠 정도로 강조되었다. 이를 위해 폴란드 왕국 건설과 관련해서 바이킹 개입설은 일언지하에 부정했고, 미에슈코 1세(930경~992)의 정복 전쟁 이후의 슐레지엔, 포메른, 포메렐렌(포메렐리아)은 폴란드인의 고향과 같은 고유 영토로 간주되었다.

이렇게 해서 1945년 이후에는 '수복 영토'에 대한 역사적 권리와 정당성을 위한 폴란드 측의 서유럽 연구가 진행되었다. 그 결과 폴란드가 이제 '옛 피아스트 지역'으로 돌아왔다는 '정치적' 주장이 전면에 등장한다. 피아스트 왕조는 10세기부터 폴란드 지역을 통치했던 가문으로 논란이 되었던 오데르강-나이세강 동부 지역을 지배했다. 1945년 이후 독일로부터 '재탈환'한 이 지역에 대한 역사 주권의 확립을 위해서 접경지대에 남아 있는 독일의 흔적과 역사는 지워지고, 잊혔던 폴란드 언어와 역사를 부활시키려는 정책이 실시되었다. 이러한 국경의 폴란드화는 본격적인 독일-폴란드 역사 전쟁의 시작을 의미했다.

폴란드 측의 서유럽 연구는 민족의 형성은 국가 제도의 확립에 종속적 변수라는 이론에서 출발한다. 이는 위대한 영웅을 배출한 왕가의 탁월한 정치적 업적으로 민족이 '형성'된다는 생각으로, 연구자들의 관심을 민족 영웅의 발굴에 힘쓰게 했다. 그 결과 오데르강과 비스와강 사이에 거대한 왕국을 건설했던 용감왕 볼레스와프 1세가 폴란드 민족의 창시자로 '새롭게 밝혀졌으며', 이후에 이 지역은 역사·정치·문화·인종적으로 타 지역과 격리된 통일적인 단위로 남았다는 것이다. 그뿐만 아니라 지리적으로도 오데르강-나이세강, 북해, 비스와강과 같은 '자연적 국경'은 '폴란드 민족의 조국Polski macierzystej'을 외부로부터 구분한다는 주장이다. 따라서 국토의 상실은 국가조직의 와해를 넘어선 자연의 순리를 거역하는 일이었다.

국경을 접하고 있는 독일과의 관계사에 대한 해석에 있어서도 미에슈코 1세의 왕국 건립은 독일 측의 잔인한 영토 팽창 정책에 대한 반발의 결과이며, 볼레스와프 1세는 신성로마제국의 '팽창주의 정책'에 대항하여 방어벽을 설치한 인물로 평가되었다. 그러나 폴란드 역사가들은 제국주의적 침략 앞에서 피아스트왕국이 무너질 수밖에 없었던 사실과, 그로 인해 슐레지엔과 포메른의 독일화가 폴란드 단일 문화의 전통을 소멸시켰다는 사실을 개탄했다. 특히 브란덴부르크의 포메른 점령과 독일기사단국가의 형성이 이루어진 1308~1312년은 폴란드 역사에서 비극이 시작되는 순간으로 기억되었다. 이는 유럽의 '지배 민족'이 되고자 했던 독일인의 야망이 싹트는 시간이라는 것이다.

역사 대화와 역사 화해

이상으로 20세기 국가 상호 간 국경 인식을 지배한 민족주의 역사 서술을 되짚어보았다. 지난 세기의 민족주의 패러다임은 국가 집단 간의 갈등을 대중의 애국심 고취 등 정치적 목적을 위해 반복적으로 이용했다. 이 과정에서 과거를 특정 시각으로 박제화한 개별 국가들의 '공적 역사'가 뿌리내렸고 언론과 역사 교육 등은 이를 다시 확대 재생산시켰다. 그 결과, 불편한 이웃에 대한 적대감이 확산되었다. 중심(중앙정부)은 주변(국경 지대)을 정략적으로 이용했고, 중심 간의 관계가 경색되기라도 하면 접경인들은 그로 인한 고통을 고스란히 떠안아야 했다.

'재이주' 혹은 '재탈환'과 같은 동유럽 연구와 서유럽 연구에서 공통적으로 사용된 기본 개념, 학문과 정치의 동반적 성격에서 보여주듯이 독일과 폴란드의 역사가들 모두 민족주의적이고 보수주의적인 정책의 수단으로 역사 연구를 진행했다. 이는 '투쟁하는 학문' 바로 그 자체로, 양국의 상당수 역사학자들은 관변 학자로서 국가정책에 기여하고자 노력했다. 역사가 과거를 정당화하는 '정치적 무기'로 변질되었고, 영토 분쟁의 수단으로 사용되기 시작했다.

독일 역사학계에서 중세 독일의 동방 이주는 중심에서 주변으로의 식민 운동이자 동유럽의 독일화로 이해되었다. 반면에 동유럽의 학자들은 이를 제국주의적 침탈로 규정하면서 반독일적 해석이 지배적이었다. 이주 이전에 도시 건설이 시작되었고 독일 이외의 다른 서유럽 지역으로부터 이주민의 유입이 있었던 것으로 밝혀지면서 동방 이주의 독일적 전유는 더 이상 유효하지 않게 되었다.

문화가 부재했던 '임자 없는 황무지' 슬라브족 거주지에 대한 문화 집단인 게르만족의 정복이라는 중심과 주변의 이분법적 문화 우월주의가 갖는 허구성은 1970년대부터 드러났으며, 이는 주권의 부재를 내세워 군사 점령을 합리화하려는 중심의 논리임이 밝혀졌다. 19세기와 20세기 유럽 제국주의가 식민 지배를 정당화하기 위해 고안한 무주지론無主地論은 제국주의의 이념적 폭력의 또 다른 이름이었다. 토지를 발견하고 선점하여 개간하는 쪽이 영유권을 갖는다는 이 주장은 국경을 문명과 야만의 단층선으로 보는 문명 충돌론적 관점의 연속선 상에 있다.

한국과 일본 사이의 독도, 중국과 일본 사이의 센카쿠尖閣(댜오위다오釣魚島) 분쟁, 러시아와 일본 사이의 북방 4도서 분쟁은 동아시아 영토 분쟁의 대표적인 사례들이다. 일본이 교과서에 독도 영유권을 명기하면서, 영토를 둘러싼 국가 간의 영유권 분쟁 문제는 우리의 현실이기도 하다. 지금도 지구상에는 크고 작은 영토 쟁탈전이 진행 중이다.

되돌아보면 영토와 국경 분쟁은 오랫동안 세계 각국에서 이어져왔고, 특히 수많은 민족이 등을 맞대고 살았던 국경/접경지대는 공생과 소통의 공간이기도 했지만 때로는 분쟁의 장소이기도 했다.

국경을 다중 정체성이 발현되는 초국가적 기억의 장소로 만드는 작업은 차이에 대한 인정과 소통, 상호 이해, 흑백논리의 지양이 그 목적이다. 자기주장의 모순은 생각지도 않고 무조건 남탓만 하면 어떻게 생산적인 대화를 이끌어낼 수 있겠는가? 국경 분쟁 해결을 위해서는 중심의 기억이 아닌 주변의 상호 교섭적 기억을 되살려야 한다. 중심으로부터 주변의 해방, 주변은 역사 부재historyless의 공간이 아니라 역사의 길목이라는 인식, 주변의 역사적 복권復權이 절실하다.

더 읽을거리

- 곤도 다카히로, 『역사 교과서의 대화』, 박경희 옮김, 역사비평사, 2006.
- 그림 형제, 『하멜른의 아이들: 피리 부는 사나이』, 김완균 옮김, 작가정신, 2022.
- 차용구, 「국경(Grenze)에서 접경(Kontaktzone)으로: 20세기 독일의 동부 국경 연구」, 『중앙사론』 47, 2018.

제7장

경계를 이은
십자군 원정대

영화 「킹덤 오브 헤븐」

영화 「킹덤 오브 헤븐Kingdom of Heaven」(2005)은 리들리 스콧 감독이 중세의 십자군 원정을 웅대한 스케일로 그려낸 스펙터클 서사 액션물로, 한 청년 기사의 눈에 비친 십자군 원정기를 재현한다. 그러나 무엇보다도 이 영화는 '그리스도교와 이슬람 문명의 충돌'을 소재로 했다는 점에서 주목이 된다. 9·11사태 이래로 '문명 충돌'과 '문명 공존'이 최대 이슈로 떠오른 21세기를 살고 있는 우리에게 시사하는 바가 큰 작품이라고 할 만하다.

역사적으로 볼 때, 십자군 원정은 사냥과 마상경기만으로는 성에 차지 않았던 유럽의 기사들에게 새로운 돌파구를 제시한 전쟁이었다. 중세 기사들의 생활은 안락함과는 거리가 멀었다.

영화 「킹덤 오브 헤븐」에서 십자군 원정대의 전투 장면. 제1차 십자군 원정을 배경으로 한 이 영화는 당시 유럽 기사들의 전투 대형, 복장 그리고 무기들을 고증을 통해 재현했다.

기사 계급이 거주한 주거지는 보통 나무 울타리와 함께 흙벽으로 둘러싸인 목재 주택들이었다. 석조 건축은 비용이 많이 들었을 뿐만 아니라 돌을 자유자재로 다룰 수 있는 숙련된 기술과 경험이 풍부한 장인들도 많지 않아 드물었다. 11세기에 이르러서야 세력 있는 영주들이 돌로 된 성을 짓기 시작했다. 중세의 기사도를 배경으로 한 영화 「아이반호」에서처럼, 성 내부에는 침대와 벽난로, 홀에 놓인 큰 나무 탁자와 의자 몇 개를 제외하곤 가구라고 부를 만한 것이 없었다. 게다가 언덕 꼭대기에 나무와 돌로 만들어진 대부분의 성들에서는 겨울이 되면 성의 구조적 단점 때문에 농민의 오두막보다도 더 극심한 추위에 시달려야 했다. 특히 인구 증가로 인한 심각한 토지 부족 현상으로 장남만 상속을 받을 수 있는 장자상속제가 관철되면서, 부모로부터 토지를 물려받지 못한 떠돌이 방랑 기사들은 십자군 원정을 노획물과 경작지 획득을 위한 절호의 기회로 삼게 된다. 이렇게 해서 "신이 원한다"는 명분을 내세운 전쟁은 약탈과 정복을 위해 피를 흘리는 비극을 연출하게 된다.

약탈과 정복을 위한 전쟁

영화가 공개된 해인 2005년에 서거한 교황 요한 바오로 2세는 재임 기간 중에 중세 교회가 주도한 십자군 원정은 잘못된 전쟁이었음을 시인하고 용서를 구한 바 있다. "신이 원한다"라는 종교적 대의명분을 내세운 십자군 전쟁의 이면에는 서유럽 사회의 내부적 갈등을 외부로 돌리려는 세속적인 이해관계가 도사리고 있었기 때문이다. 1096년부터 200여 년에 걸쳐서 진행된 십자군 원정은 서구 팽창 전쟁이자 정복 전쟁이었다. 1000년 이후부터 인구가 급증하면서 경작지 부족의 고통을 겪던 서구 그리스도교 세계는 북쪽으로는 발트해 연안, 남쪽에서는 수 세기 동안 이슬람 세력에 의해 지배되고 있던 이베리아반도로 그리고 마침내 예루살렘까지 식민 운동을 전개하게 된다.

이러한 시대적 배경 속에서 시작된 제1차 십자군 원정(1096~1099)과 관련해서 한 연대기 작가는 다음과 같은 기록을 남겼다. "수백 명의 기사들과 상당수의 무장한 병사들도 있었지만, 수천 명에 달하는 여자들과 아이들 심지어 누더기를 걸친 노인들

제1차 십자군 원정대. 원정대를 이끄는 성직자와 그의 뒤를 따르는 기사, 병사, 여성들. 제1차 십자군 원정은 '농민 십자군'으로 불릴 만큼 정예 기사들 외에 남녀 평민들이 동참했다.

도 있었다." 1099년 성지를 탈환한 이들은 오늘날의 근동 지역에 일련의 식민 왕국들을 세우게 된다. 이후 이슬람 세력과 일진일퇴를 거듭하면서 수 세기 동안 지속적으로 원정군을 파견했는데, 이렇게 원정군을 끊이지 않고 파견할 수 있었던 데에는 중세인들의 광적인 종교적 열정 외에도 기사들의 경쟁적 한탕주의가 큰 몫을 했다.

스콧 감독은 영화에서 이슬람 세계를 광란의 도가니로 몰아넣었던 십자군 전쟁에 대한 자기 반성적 성찰을 하면서 종교전쟁이 얼마나 비참한 결과를 초래하는가를 보여주었다. '반전' 메시지를 극대화하기 위해서 그는 피가 튀어오르고 살점이 도려져나가는 아비규환의 처절한 전투 장면들을 연출했고, '신의 이름'을 내세운 전쟁의 어리석음을 고발하면서 인간의 존엄성은 그 어느 것으로도 대체될 수 없음을 깨닫게 하고 있다. 캔버스에 휴먼 드라마를 채색하듯이 스콧 감독은 십자군 원정이라는 역사적 사건을 통해 진정한 평화의 의미를 되짚어보고자 했던 것이다.

「킹덤 오브 헤븐」의 이야기는 어느 정도 역사적 균형감을 유지하려는 스콧 감독의 의도가 잘 반영되어 전개된다. 문명들 간의 상생을 부각하기 위해 영화 곳곳에서 아라비아 바이올린인 카눈의 선율이 이국적인 배경음악으로 깔려서 들려오고, 스콧 감독 스스로가 "이슬람 역사에 밝은 학자들에게도 자문했다"고 밝힐 정도로 기존 할리우드 영화에서 보여지는 이슬람에 대한 그리스도교의 절대적 우위라는 이데올로기를 상당히 배제했다. 반이슬람적 정서가 많이 불식되었다는 점에서 이 영화는 기존의 서구 중심적 역사 해석에서 탈피했다.

사실 영화라는 매체는 오랫동안 정치적 이데올로기에서 자유롭지 못했고, 특히 이슬람 세계를 묘사한 할리우드 영화에서는 반이슬람적이고 서구 중심적인 편견을 담은 채 상영되고는 했다. 이렇게 해서 만들어진 '할리우드 역사'는 한국을 포함한 친서방적인 국가들에서 역사 교과서 이상의 역할을 해왔으며, 그 결과 이슬람의 역사는 테러 집단과 극렬 과격분자들의 역사로 왜곡되고 이미지화되어 우리의 뇌리 속에서 맴돈다.

항구적 적대 상태

제1차 십자군 전쟁이 일어났던 1096년부터 최후의 거점이었던 아크레가 함락되던 1291년까지, 즉 200년 동안에 이슬람과 그리스도교 세력의 군사적 무력 충돌이 벌어졌던 시기는 50년이 채 되지 못했다. 그래서 『십자가와 초승달, 천년의 공존: 그리스도교와 이슬람의 극적인 초기 교류사』의 저자 리처드 플레처가 지적한 것처럼, 십자군 전쟁은 알려진 것과는 달리 항구적 '전쟁'이 아닌 긴장과 적대 기류가 흐르던 냉전과 같은 상태로 보는 것이 옳다. 십자군 원정대가 근동 지역에 건설한 나라들은 '바다 건너의 땅'이라는 의미에서 우트르메르Outremer로 불리는데, 이곳은 사방이 적에 둘러싸여 있었기 때문에 외교적 관계를 통한 관용과 생존을 모색해야만 했기 때문이다.

접경 지역의 특성상 이중 언어 사용자가 필요했고 아랍어를 구사할 줄 아는 그리스도교인들이 있었다. 포로로 잡혀 있던 기간에 아랍어를 배우기도 했지만 무슬림 여인과 결혼하고 경계를 완전히 넘어간 사람들도 있었다. 점령이 장기화되면서 시리아에서 태어난 윌리엄 티레와 같은 성직자는 아랍어 외에도 동방의 언어인 그리스어도 구사할 수 있었다. 물론 유럽으로 유학을 갔다 온 그는 라틴어를 자유롭게 사용했다. 시리아 출신의 우사마 이븐 문키드(1095~1188)는 이와는 대비되면서도 유사한 모습을 보인다. 무슬림으로서 십자군 전쟁에 몸소 참여했지만 외교 사절로 십자군 원정대와 교류하면서 그리스도교 기사들과 함께 사냥 여행을 즐길 정도로 우정을 나누었다고 한다.

우트르메르의 일상도 십자군 전쟁 이전과 비교해서 크게 변하지 않았다. 농촌 지역에서는 예전과 같은 삶이 계속 유지되었고 그저 지대와 각종 요금을 납부하던 주인이 바뀌었을 뿐이다. 이곳은 차별적인 복식 규정과 통혼 금지로 사회·문화적인 분리 장벽이 두 집단이 서로 섞이는 것을 막기는 했으나, 상이한 문화의 사람들이 같은 지역에서 공생했다는 점에서 '다문화적' 사회로의 진입을 경험할 수 있었다.

경계 잇기

십자군 원정은 장기적으로 볼 때 두 집단 사이에 다양한 교류를 가능하게 했다. 전쟁 기간에도 (교황청의 금지 조치가 내려졌지만) 이탈리아의 베니치아와 제노바의 상인들은 동방의 비단, 설탕, 향신료, 의류 염색에 필요한 백반 등을 구입해서 서유럽에 판매했고, 대신에 모직물, 곡물, 은과 철, 목재를 이슬람 시장에 수출했다. 이렇게 해서 유럽과 이슬람 세력 사이에 접촉이 점점 잦아졌으며, 교통과 화폐의 사용도 늘어났다. 전쟁이 발발하지 않았던 기간의 우트르메르는 이슬람과 평화로운 관계를 유지하면서 동방의 생활방식이 십자군 사회의 일상 속에 스며들었다. 양측을 넘나드는 외교·사회·경제적 교류는 근동과 북아프리카의 이슬람 사회에도 적지 않은 긍정적 변화를 가져왔다. 시리아,

카이로, 베이루트, 알렉산드리아로 세계 각 지역의 상인들이 몰려들면서 글로벌 무역은 호황을 누렸다.

동시에, 십자군 원정은 서양인의 지리적 경계를 넘어 확장했으며 지리적 상상력을 자극했다. 베들레헴의 아기 예수를 방문했던 동방 박사 중 한 명의 후손으로 알려진 요한John이라는 인물이 우트르메르의 그리스도교인들을 돕기 위해서 동쪽의 '세인디아(인도)'에서 이슬람 세력을 공격할 것이라는 '사제왕 요한(프레스터 존Prester John)'의 이야기가 전해지기도 했다. 13세기 중반에는 프랑스 왕의 사절이 칭기즈 칸의 손자인 몽골의 몽케 칸을 방문하고자 카라코룸을 찾았다. 마르코 폴로는 중앙아시아를 거쳐 중국에까지 가서 곳곳을 여행하고 남중국-자바-수마트라-실론-인도를 연결하는 해상 실크로드를 통해서 베니치아로 돌아왔다.

하지만 십자군 원정이 서양의 문화 발전에 결정적으로 기여한 것은 바로 두 세계의 지적 교류였다. 이슬람 세계는 고대 그리스·로마의 과학 및 철학적 지식을 아랍어로 번역했고, 12·13세기에는 이 아랍어 저작들이 서방 그리스도교 세계의 학문 언어인 라틴어로 번역되어 소개되었다. 아델라르 바스라는 학자는 12세기에 시리아를 방문해서 다량의 서적들을 가져갔고, 일부 학자들은 북아프리카에 숨겨져 있던 이슬람의 수학과 의학 지식을 발굴했다.

경계를 횡단하고 연결했던, 그래서 새로운 지식을 유럽에 전파했던 또 다른 통로는 시칠리아와 에스파냐 지역이었다. 중세의 지중해는 상품, 정보, 지식을 역동적으로 교환하는 문명의 고속도로였다. 지중해 연안의 근동의 십자군 국가들, 시칠리아와 에스파냐는 모두 이른바 서양 중세의 주변부였지만 혼종화된 지역 정체성을 발판으로 위기 상황에서도 새로운 중심으로 도약했다. 메리 루이스 프랫이『제국의 시선』에서 지적했듯이, 중심과 주변은 서로 많은 영향을 주고받으며 동시에 주변은 중심을 활용한다. 문화 횡단transculturation을 통해서 주변으로 유입된 중심의 담론은 여기서 변형과 재창조되면서, 더 이상 중심적이지도 주변적이지도 않은 혼종적이며 이질적인 담론이 파생된다. 요컨대 중심이 주변에 형성한 문명의 단층선을 충돌의 공간으로만 규정할 것이 아니라 창조적 장소에 가까웠던 역동적인 공간으로 규정할 필요가 있다.

더 읽을거리

- 리들리 스콧 감독,「킹덤 오브 헤븐」, 스콧 프리 프로덕션 · 인사이드 트랙 · 스튜디오 바벨스브레그, 2005.
- 리처드 플레처,『십자가와 초승달, 천년의 공존: 그리스도교와 이슬람의 극적인 초기 교류사』, 박홍식 · 구자섭 옮김, 21세기북스, 2020.
- 홍용진,「영화「킹덤 오브 헤븐(Kingdom of Heaven)」: 공존과 공생의 논리에 대한 역사적 탐구」,『Homo Migrans: Migration, Colonialism, Racism』 12, 2015.

제8장

경계 위의
중세 시칠리아왕국

가장자리가 중심이다

지중해의 시칠리아를 생각하면 대체로 섬과 바다, 에트나 화산, 고대 그리스 신전, 영화 「대부」의 마피아를 떠올린다. 지중해 한복판에 자리 잡고 있는 시칠리아는 남북으로는 '그리스도교' 유럽과 '이슬람' 아프리카의 경계이자 동·서 지중해의 교차점으로서 선사시대부터 지중해의 정치·경제·문화적 허브였다. 이 섬에 대해서 잘 알려지지 않은 사실 하나는 이곳이 중세에는 유럽 그리스도교, 그리스정교, 북아프리카 이슬람이라는 세 개의 거대한 문명권에 속해 있었다는 점이다. 제주도보다 14배나 큰 시칠리아는 이러한 지정학적인 이유 때문에, 비잔티움제국의 행정 구역으로서 그리스정교회 문화가 뿌리내렸고(535~827), 이슬람 통치 기간(827~1061)을 거쳤으며 12세기 말까지는 노르만족의 통치를 받으면서 로마가톨릭교회의 영향권으로 들어왔다.

세 문화권의 중심인 로마/아헨, 콘스탄티노플(오늘날의 이스탄불), 카이로(10, 11세기에 번성했던 이집트 파티마 왕조의 수도)의 입장에서 관찰하면, 시칠리아는 각각의 중앙정부로부터 멀리 떨어진 제국의 변방이자 이곳에 배치된 말단 하수인들이 이합집산하는 변방에 불과했다. 10세기 중반부터 파티마 왕조가 시칠리아의 실질적인 통치자가 되었으나 북아프리카 통치에 몰두하던 이들에게 시칠리아는 관심 밖의 한 모퉁이에 불과했다. 그래서 주변은 때로는 중앙정부의 통제를 견디면서 때로는 중앙에 저항하면서 독자 생존의 길을 모색해야만 했다. 직면한 현실 문제를 해결하기에 중심은 아득한 미래였다. 하지만 주변에서 거듭되는 이주와 이합집산의 과정에서 융합적이고 혁신적인 사회질서가 수립되어가는 경향은 접경지대의 특징적인 현상이기도 하다. 현실 지향적인 경계는 이질적인 요소들을 배제하면서도 거꾸로 통섭하는 사이 공간이기 때문이다.

오늘날에는 매년 15만 명 이상의 불법 이민자들이 국경을 넘어 시칠리아로 들어온다고 한다. 이들은 대부분 이곳을 거쳐 유럽으로 가려는 사람들이다. 이처럼 지금은 유럽과 아프리카를 분리하고 있지만 역사 속의 시칠리아는 두 대륙의 모서리가 아니라 연결 통로이자 중심이었다. 이 섬은 북아프리카로부터 이슬람의 선진 문물을 받아들이는 창구이자 유럽인들의 지중해 진출을 위한 교두보였다. 그래서 수천 년 이주와 정복의 역사를 살

노르만족의 가톨릭 사제(!)가 자신의 어머니를 기억하기 위해 1148년에 만든 묘비에는 (사진 윗부분에서부터 시계 방향으로) 히브리어, 그리스어, 아랍어, 라틴어로 글이 새겨져 있는데 이는 당시 시칠리아가 관용적인 사회였다는 것을 보여주고 있다.

아온 현대 시칠리아인의 DNA에는 그리스, 북아프리카, 노르만, 아랍인의 유전자가 새겨져 있다고 한다. 역사적 시칠리아는 이슬람과 그리스도교를 분리하는 장소가 아니라 두 문화를 연결짓는, 그렇게 해서 이들이 공생하는 접경 공간이었다. 이슬람의 지배를 받던 827년 이후에도 그리스어는 아랍어와 더불어 여전히 공용어로 사용되었고, 특히 시칠리아 섬의 동북부 지역에는 그리스어를 사용하던 비잔티움제국의 유민들이 지속적으로 거주하면서 무슬림과 비잔티움인들은 시칠리아의 독특한 공존 문화를 만들어냈다. 지금은 시칠리아가 분단의 장소이지만 역사적으로 이 섬은 접경성을 보듬고 있다.

경계의 삼투성

삼투osmosis는 반투막을 경계로 분리되어 있던 용액이 농도가 낮은 쪽에서 농도가 높은 쪽으로 용매가 옮겨가는 현상으로, 그 결과 두 용액의 농도는 서로 비슷해진다. 이 같은 삼투압 작용을 외부에서 들어온 힘의 전이로 생각할 수 있지만, 이는 삼투하려는 힘의 균형으로서 양측이 평형에 도달했음을 의미한다. 이처럼 경계를 둘러싼 세력 간의 힘겨루기는 힘의 평형을 이루려는 속성이 있다. 중세의 시칠리아는 마치 서로 다른 농도를 가진 두 용액 사이에서 용매만을 선정하여 선택적으로 통과시키는 반투과성막과 같았다. 아브라함의 종교로서 뿌리가 같은 유대교·이슬람·그리스정교·그리스도교는 시칠리아에서 이해의 '농도' 조절을 통해서 상호 간의 차이를 줄일 수 있었다.

농업과 목축에 적합한 기후와 자연환경 덕분에, 시칠리아의 통치자는 '밀을 키우는 자'로 불릴 정도로 시칠리아는 곡창지대였다. 지중해의 다른 지역에서는 대체로 밀 수확량이 부족했기 때문에 북아프리카와 유럽·비잔티움의 국가들은 시칠리아에서 생산되는 양질의 밀을 경쟁적으로 탐냈다. 일반 밀보다 글루텐 함량이 높은 듀럼durum(라틴어로 단단하다는 뜻) 밀이었기 때문에 보관과 운송 및 수출에 적합해서 지중해의 가장 큰 섬인 시칠리아는 정치적 변동에 관계없이 경제와 문화 분야에서 번영을 누렸다. 그래서 수도인 팔레르모는 인구 35만 명으로 중세 시대에 유럽 최대이자 가장 부유한 도시로 번성할 수 있었다.

비잔티움제국의 통치에 뒤이어 827년부터 이슬람 세계의 일원이 되었지만 여전히 비잔티움제국과 경계를 맞닿고 있던 접경지역인 시칠리아는 다른 (순수한) 이슬람 지역과 비교해서 그리스도교 세계에 덜 적대적이었다. 1061년의 노르만족 정복 이후에 무슬림은 비록 공식적인 종교 활동도 제한되고 별도의 인두세를 납부해야 했으나, 여전히 많은 무슬림들이 모스크를 중심으로 신앙생활을 지속할 수 있었다. 학생들은 학교에서 이슬람 교리를 습득했고 무슬림들은 지역 공동체를 활성화시켜 나갔다. 시칠리아는 수천 년 동안 유럽, 아프리카, 중동에서 축적된 다양한 지식을 끌어모으는 배수로이자 저장소였다.

827년 이후에도 비잔티움제국의 주민들이 시칠리아 섬에 계속 남아 있었기 때문에 그리스어는 공식 언어로 쓰였다. 노르만족 정복 이후에도 대부분의 주민들이 라틴어를 이해하지 못했으므로, 원주민들의 언어인 아랍어와 그리스어는 계속 공식 행정용어로 인정되었다. 이렇게 되자 1062년부터 아랍어·그리스어·라틴어 삼중 언어의 공식 사용은 노르만 왕국의 다문화적 현실을 인정하는 것이자 이것의 대내외적 천명이라 할 것이다. 왕의 호칭을 '그리스도교의 수호자'로 표기한 아랍어 문서는 시칠리아왕국 내의 무슬림을 인식한 정치적 제스처였다. 피지배 세력의 무시할 수 없는 역할과 힘에 직면한 신흥 그리스도교 왕국은 현실적인 이유로 조화와 관용의 가치를 추구할 수밖에 없었다.

희미해져가는 경계들

정치적 변화에도 불구하고 종교들 간의 전통적 공간 구분과 경계는 유지되었다. 하지만 경계를 짓되 분리하지 않고 그래서 넘나듦이 가능했던 공생의 가치, 즉 콘비벤시아 정신은 실천에 옮겨졌다. 특히 시칠리아왕국의 중심인 팔레르모 왕궁은 그리스도교와 이슬람 문화가 만나 서로 혼종되어 새로운 활력적인 문화를 만들어냈다. 노르만족 정복 이후에도 북아프리카의 이슬람 세계와 단절되지 않았으며 시칠리아 섬을 방문하거나 순례하던 이슬람 학자들은 노르만 왕실의 궁정으로 초빙되곤 했는데, 이는 다른 곳에서는 경험할 수 없는 특별한 모습이었기에 궁정을 방문했던 사람들은 그저 경이롭다는 감탄사를 터뜨렸다. (그리스도교) 노르만족 통치자들이 아랍-비잔티움 문화의 후원자이자 계승자로서 당시까지는 어느 지역에서도 경험할 수 없었던 모방·차용·전유를 넘어선 혼합 문화를 만들어냈기 때문이다. 기존의 문화를 주춧돌로 놓고 혁신적인 방법으로 종교와 기술을 결합하여 새로운 사유가 시작되었던 것이다.

그래서 노르만족의 왕들이 아랍어를 읽고 쓸 줄 안다는 소문은 파다했다. 노르만족 정복 이후에도 팔레르모 왕실에서 생산되는 문서는 여전히 아랍어로 작성되었기 때문이다. 그리스도교로 개종하고서 노르만족 왕실에 근무했던 '궁정 사라센인들palace Saracens'은 비록 라틴식 이름이나 세례명을 사용했지만, 이들이 여전히 이슬람 신앙을 포기하지 않았던 사이비 배교자라는 것

팔레르모에 있는 매혹적인 건축물인 궁정예배당(Cappella Palatina)은 12세기 시칠리아에 널리 퍼졌던 아랍-노르만-비잔티움 양식의 대표적인 예다. 노르만식 문, 아랍식 아치와 아라비아 필기체로 장식된 천장의 이 궁정예배당은 혼종 문화를 보여주고 있다.

은 공공연한 비밀이었다. 종교 집단들 간의 밀접 접촉은 언어와 문화적 경계를 넘나들며 (아랍어-그리스어) 이중 언어 혹은 (아랍어-그리스어-라틴어) 삼중 언어에 능통한 다중 언어 구사자들을 배출했다. 이들은 양자택일하는 이분법적 사고의 틀을 벗어나 상충적인 가치들을 끌어안는 가변적이고 유동적인 정체성을 얻었다. 이러한 문화적 분위기 속에서 노르만족 왕들은 아랍 학자들의 후원자로서 서적 집필과 세계지도 제작을 적극 후원했다. 지식이 유용하고 서로 간에 이익이 된다면 그 지식이 어떤 문화에서 유래했는지는 부차적인 것이었다. 이는 또한 접경지대의 실용적이고 현실적인 단면을 보여준다.

경계에 건설된 다문화적 왕국

노르만족 정복 이후에도 시칠리아 섬에는 한 세기 이상 모스크가 여러 지역에 존속했다. 국가적 차원의 조직적인 강제 개종도 없었고, 무슬림들은 별도의 인두세만 납부해도 되었다. 국가의 입장에서는 무슬림들의 노동과 조세에서 거두어지는 안정적인 재정수입의 확보가 급선무였기 때문에 개종을 굳이 강요하지 않았다. 대서양 연안 프랑스 북부 출신으로 지중해 지역에서 활약했던 노르만족들은 태생적으로 탈경계적 사유에 익숙한 방랑자이자 침입자였다. 이들은 시칠리아 섬 침공 전부터 이탈리아 남부에서 용병으로 활동했고, 시칠리아 섬을 정복한 노르만족 왕들은 대부분 지중해에서 태어난 '재외' 노르만족들이었다. 비잔티움제국 출신의 원주민들은 오래전부터 아랍인들이나 베르베르인들과 혼인 관계로 얽혀 있었고, 시칠리아 섬으로 들어온 노르만족들과도 결혼하면서 종족적 정체성은 해체되었으며, 그 경계는 더욱 모호해졌다. 아랍, 베르베르인, 노르만족, 유대인이라는 종족적 구분 자체도 그다지 명확하지 않아 보였다.

루제루 2세(1095~1154)의 팔레르모 궁정에서는 그리스어로 설교가 진행되었고, 아랍어에 능통했던 그는 튀니지 출신의 학자 무함마드 알이드리시와 같은 다양한 인물들을 초빙하여 후원했다. 알이드리시가 작성한 일명 '루제루의 책Kitāb al-Rujārī'과 같은 지리적 지식은 왕국 운영에 실질적인 도움을 주었다. 왕국의 칙령은 라틴어·아랍어·히브리어로 작성되었다. 플라톤과 아리스토텔레스, 프톨레마이오스의 고대 그리스 저작들도 라틴어로 번역되었다. 이처럼 시칠리아는 그리스어에 기반한 고전문화와 그리스정교회 문화를 유럽 문화권에 소개하는 창구 역할을 했던 것이다. 신성로마제국의 황제직을 차지하는 프리드리히 2세가 1198년부터 시칠리아의 왕이 되면서 다문화성은 더욱 강화되었다. 그의 어머니는 시칠리아의 왕 루제루 2세의 딸이었고 아버지는 신성로마제국 출신으로, 시칠리아왕국에서 태어난 그 역시 그리스어와 아랍어를 구사했다. 세계의 경이stupor mundi로 불릴 정도로 탁월한 업적을 남긴 프리드리히 2세를 후대의 학자들이 '절반의 무슬림'으로 부르는 또 다른 이유다.

더 읽을거리

- 김정하, 『지중해 다문화 문명: 분배와 융합의 역사』, 산지니, 2014.
- 윤용수 외, 『7인의 전문가가 본 시칠리아의 문명 교류』, 한국학술정보, 2021.
- 찰스 H. 해스킨스, 『12세기 르네상스』, 이희만 옮김, 혜안, 2017.

제9장

세계의 접경
중세 에스파냐

영화 「엘시드」

영화 「엘시드El Cid」(1961)는 할리우드 영화가 미국적 가치를 전 세계로 전파하던 1960년대에 제작된 스펙터클 영화다. 이베리아반도가 여러 왕국으로 분열되어 내전을 벌이던 11세기 후반에 활약하던 전설적인 기사 로드리고 디아즈 데 비바르(일명 엘시드)의 이야기를 다룬 이 영화는 철저한 고증, 실제에 가까운 무대장치와 의상, 실감나는 전투 장면을 재현한 수작으로 평가받는다. 중세 이베리아반도의 역사를 살펴볼 수 있는 이 영화는 주인공 로드리고를 그리스도교 왕국의 수호를 위해 목숨을 바친 전사로 묘사하면서 이슬람 대 그리스도교라는 이분법적 문명관을 노출시킨다.

영화 「엘시드」에서 엘시드 역할을 맡은 배우 찰턴 헤스턴. 실감나게 그려진 마상 경기와 대규모 전투 장면이 압권이다. 엘시드가 활약하던 중세 이베리아반도는 이슬람과 그리스도교 문명이 조우하고 충돌했던 접경 공간이었다.

영화의 배경이 된 에스파냐 레콩키스타 시대의 이베리아반도는 이슬람과 그리스도교 세계가 공존하던 접경지대였다. 당시 이베리아반도의 북부는 여러 그리스도교 왕국들로 분열되어 있었으나, 중부와 남부는 수 세기 동안 이슬람 왕국의 통치를 받고 있었다. 무함마드가 사망할 무렵(632) 아라비아반도에 거주하던 대부분의 아랍인들은 전통 종교에서 이슬람으로 개종했고, 이후 무슬림 군대는 중동과 북아프리카를 점령했다. 지브롤터해협을 사이에 두고 아프리카와 맞대고 있는 이베리아반도가 그다음 차례였다. 이슬람 세력의 서고트왕국 침공(711)을 받고, 중세 에스파냐는 이후 700년 동안 이슬람 문화권에 편입된다. 하지만 711년은 단절이라기보다 새로운 변화가 일어나는 연결이자 관계 형성의 의미로 살펴볼 수 있다.

이러한 역사적 이유로 에스파냐는 이슬람과 그리스도교가 가장 오랫동안 밀접하게 조우했던 곳이다. 시칠리아도 이슬람의 통치 기간은 3세기에 그쳤다. 오늘날 많은 에스파냐 단어들이 algodón(목화), almoneda(경매), alcabala(물품세)와 같이 아랍어에서 유래한 al-로 시작한다. 이는 대부분 농업, 교역, 행정과 관련되는 단어들로 중세의 이슬람 통치가 후대 에스파냐의 여러 분야에서 많은 유산을 남겼음을 보여준다.

레콩키스타

엘시드가 살던 11세기의 이베리아반도는 정치적 격변기였다. 1000년 이후 유럽의 인구 증가로 인한 토지 부족 현상, '세계의 올바른 질서' 확립을 위한 무력 사용의 정당화라는 그리스도교적 전쟁관으로 이베리아반도는 전쟁터가 되었다. 고토 회복이라는 정치적 명분을 내세워 이른바 레콩키스타가 시작된 것이다. 1492년 마지막 이슬람 세력이 있었던 이베리아반도 남단의 그라나다왕국이 함락되면서 4세기에 걸친 레콩키스타는 마무리되고 에스파냐에는 강력한 그리스도교 왕국이 등장할 수 있는 기반이 마련되었다. 유럽의 주변부였던 이베리아반도가 800년 만에 다시 그리스도교화되고 통일되면서 근대 세계의 새로운 중심지로 부상하게 된다.

엘시드 시대에 무슬림 세력이 지배하던 알안달루스에서는 칼리프제 아래 단일한 정치체제가 후계 문제를 둘러싼 분쟁과 내전으로 붕괴되었고, '타이파_haifa'라고 불린 군소 왕국들이 들어섰는데 이들은 서로 갈등과 반목이 심해 매우 취약했다. 이들과 경계를 맞대고 있던 북쪽의 그리스도교 국가들은 이러한 경쟁 관계를 이용하여 파리아_parias라는 조공을 받고 그 대가로 이들의 군사적 보호자 노릇을 했다. 에스파냐의 그리스도교 기사들도 종교에 상관없이 돈을 받고 군사적 봉사를 수행했는데, 엘시드도 그중 한 명이었다. 그는 사라고사의 무슬림 지배자를 섬겼으며 같은 종교를 믿었던 바르셀로나와 아라곤의 통치자를 공격했고, 스스로 타이파의 하나였던 발렌시아의 군주가 되기도 했다. 무슬림에 대한 특별한 적대감을 드러내지도 않았다. 따라서 11세기에 실제 전쟁의 본질은 재정복이라기보다는 타이파들에 대한 이기적인 조공 착취였다.

결론적으로, 엘시드가 활동하던 11세기의 에스파냐는 이슬람 대 그리스도교의 문명 충돌과는 거리가 멀었다. 그리스도교 왕국들은 무슬림 세력을 위해서 기꺼이 싸웠고, 타이파 역시 경쟁 관계에 있는 무슬림 왕국과의 싸움에서 힘이 부치면 그리스도교 왕국과 동맹을 맺었다. 호전적이고 비관용적이며 근본주의적인 무슬림 세력으로 북아프리카에서 들어온 무와히드 왕조가 그리스도교 수도원들을 보호하거나, 레온왕국의 알폰소 9세(재위 1188~1230)가 카스티야왕국에 맞서 무와히드 왕조와 동맹을 맺을 정도로 양측은 서로 각별한 관계를 유지했다. 이슬람 통치자도 역량 있는 그리스도교 관료를 기꺼이 채용했으니, 종교 간 울타리를 넘나들었던 사례들은 빈번할 수밖에 없었다.

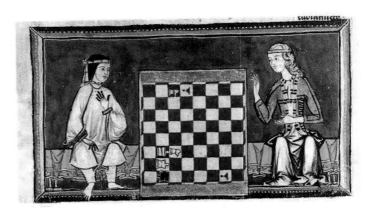

무슬림 여인(왼쪽)과 체스를 두고 있는 그리스도교 여인. 13세기 에스파냐에서 제작된 채색화로 당시의 콘비벤시아를 잘 보여준다.

이슬람 치하의 중세 에스파냐에서 그리스도교 교회와 수도원 제도가 존속할 수 있었던 것이 그 단적인 사례일 것이다. 정복지에서 이슬람으로의 개종은 강제되지 않았으며 그리스도교 신자들은 문화적으로는 아랍화되었지만 자신들의 신앙을 지킬 수 있었다. 이러한 이유로 이들은 '아랍화된'이라는 의미의 수식어가 붙어서 모사라베Mozárabe 그리스도인으로 불렸다. 이들의 능숙한 아랍어 구사는 고도로 발전된 이슬람 문화를 중세 유럽 사회에 원활하게 전수하는 데 기여했고, 이런 덕택에 '황량한 서부'로 불렸던 이베리아반도는 '선진국'으로 도약할 수 있었다.

11세기 후반부터 관계 변화의 조짐이 보였다. 하지만 변화는 이베리아반도 내부가 아닌 외부에서 왔다. 특히 이 지역과 관련이 있었던 피레네산맥 이북의 프랑스의 정치·종교 지도자들과 북아프리카 알모라비드 원리주의자들의 에스파냐 점령과 같은 제3자의 개입으로 이른바 '에스파냐 십자군 전쟁', 즉 레콩키스타가 발발했다. 종교 때문이 아니라 인구 압력, 물질적 욕망의 비종교적 요인이 전쟁의 원인이었다. 따라서 이는 두 종교가 갖고 있는 원초적 증오심 때문에 일어난 전쟁이 아니었다. 오히려 접경지대의 일상은 양자 간에 상호 삼투작용이 일어나 개종과 재개종, 협력과 공생을 거듭했다.

경계의 현실적 타협과 실천

이슬람 정복자들이 이동하는 데에 따라 그들의 발달된 문화도 기술이 낙후되었던 유럽 지역으로 전파될 수 있었다. 동물의 힘을 이용해 물을 끌어 올리는 기술인 사키야saqiya, 수학 계산을 도와주는 수판abacus, 제지술 등 다양한 기술이 이슬람의 확산과 더불어 그리스도교 세계로 전달되었다. 양측의 교역과 외교적 교류는 문화적 확산을 가능케 하면서 세속적 요인이 더 중요했지 종교는 부차적인 문제였다. 그래서 비록 서로에게 반감은 있었지만 누군가 나서서 선동을 하지 않는다면 폭력적인 대결로 비화하지 않았을 어울림과 공존이 이어질 수 있었다.

이 같은 종교·종족적 경계를 넘나드는 연대는 접경 지역이 갖는 실용주의적 특성으로, 이곳의 사람들은 사이 공간을 정합整合하는 실용적인 노선을 걸었고, 때로는 강요되고 원치 않는 공존을 유지하며 생기는 편견과 배타적인 감정은 '현실적인 타협'

으로 풀어야 했다. 현상 유지를 위해 실용적 노선을 취했던 경계 지대의 일상은 단절적이기보다는 교류적이었으며, 동시에 이곳은 분절된 지역이 아니라 상호 교류와 의존이 심화되는 공간이었다. 비록 일부 상황에서는 의존적이고 선택적인 관용이 이루어지기는 했지만, 구성원의 협력과 공존을 모색하면서 경계는 차츰 치유의 역사적 공간으로 바뀌어갔다.

이슬람 치하 에스파냐의 무슬림, 그리스도교, 유대인의 관계를 대립적이고 적대적으로만 볼 수 없을 것이다. 딤마dhimma라는 협정은 일정한 의무를 이행하는 대가로 소수집단의 종교적 자유 등을 보장했기 때문이다. 1085년 카스티야왕국이 정복한 톨레도는 사회문화적 접촉과 혼종성이 잘 어울려져 융성했던 대표적인 도시다. 이 도시는 여러 종교가 공존하는 현실을 받아들이면서 탄력적으로 운영되었다. 타 종교 신자들과의 통혼과 개종이 가능했고 수 세기를 이베리아반도에 살았던 무슬림인들도 당연히 이곳을 자신들의 고향으로 생각했다.

정치적 경계는 완고한 장벽이 아니라 그 경계 안팎의 내용물들이 언제든지 한쪽에서 다른 쪽으로 옮겨가는 삼투현상이 일어나던 곳으로, 전근대의 이러한 국경의 가변적 경계 개념은 경계의 이편과 저편이라는 이분법적 사고를 해체하고 경계를 역동적이고 주체적인 공간으로 재정의한다. 이는 근대국가가 기획하고 설정했던 날카로운 모서리인 국경 개념과는 사뭇 다르다. 양측의 협정 체결은 경계를 잇고 외교관, 정치적 망명자, 주교와 수도사 등의 성직자, 유대인 상인들의 이동을 가능하게 했다.

접경은 힘이다

서양은 12세기와 15세기에 두 번의 지적 혁명을 경험한다. 후자는 잘 알려진 르네상스인 반면에, 전자는 12세기 르네상스로 불린다. 서양 중세에는 여러 차례 르네상스가 있었기에 우리가 잘 알고 있는 15세기 르네상스를 대★ 르네상스로 부르기도 한다. 12세기의 지식 혁명은 그리스도교와 이슬람 세계의 지적 교류에 힘입은 바가 크다. 경계를 횡단하고 연결했던 다양한 매체의 힘들이 이슬람 문화로부터 유래했기 때문이다. 철학과 자연과학을 등한시하고 라틴어를 국제 공용어로 사용했던 유럽 중세 사회에는 그리스어를 읽을 수 있는 학자가 많지 않았다. 이러한 중세 사회를 잠에서 깨우고 활력을 불어넣은 것은 에스파냐의 이슬람 문화였다. 이곳에서 아랍어로 번역된 고대 그리스 문헌들은 의학과 철학을 비롯한 수학, 동물학, 식물학, 점성술, 연금술, 물리학, 천문학, 음악 이론, 약리학, 군사학, 수사학 등을 망라했다.

이슬람 문화는 낙후된 지역인 아라비아반도에서 유래했지만 다른 문화에 대한 뛰어난 동화력을 보여주었다. 이슬람 세계는 고대 그리스·로마의 과학 및 철학적 지식을 아랍어로 번역했고, 여기에 유대, 시리아, 힌두 문화로부터 얻은 고유한 지식을 덧붙였다. 에스파냐 레콩키스타는 아이러니하게도 유럽 학자들에게 지적 접촉의 기회를 주었다. 근동의 십자군 전쟁과 마찬가지로 에스파냐 재정복 전쟁도 무슬림-유대인-그리스도인의 본격적인 조우와 문화적 교류를 촉진했기 때문이다. 장기적으로 볼 때 전쟁에도 불구하고 (혹은 전쟁 기간에) 이들의 상호작용은 유럽 중세 사회를 더욱 풍부하게 만들었다. 잉글랜드, 이탈리아, 플랑드르, 중부 유럽에서 지식인들이 몰려들었는데, 그 교류의 중심지는 톨레도였다. 1085년 재정복된 톨레도에는 새로운 아랍 서적들이 산더미처럼 쌓여 있었고, 번역자이자 문화 매개자로 활동할 수 있었던 라틴어와 아랍어, 히브리어 모두에 능통한 교사들이 있었다. 톨레도의 이러한 국제적이고 개방적인 번역학교는 아리스토텔레스의 부활, 중세 유럽 대학의 설립, 서양의 과학과 의학 발전을 가능하게 했다.

더 읽을거리

- 브라이언 타이어니·시드니 페인터, 『서양 중세사: 유럽의 형성과 발전』, 이연규 옮김, 집문당, 2019.
- 서영건, 「중세 에스파냐의 재정복과 변경」, 『역사와 세계』 52, 2017.
- 자크 르 고프, 『서양 중세 문명』, 유희수 옮김, 문학과지성사, 2008.

제10장

분단, 접경 그리고 통일

오늘날에도 잉글랜드와 스코틀랜드의 경계선에는 하드리아누스 방벽Hadrian's Wall의 잔재들이 곳곳에 남아 있다. 고대 로마인들이 만든 이 인공 국경은 라인강-다뉴브강의 자연 경계선과 함께 북방의 이민족과 로마제국을 가르는 단절의 상징이었다. 그러나 이른바 '3세기의 위기'로 인해 로마제국의 국경선이 기능을 상실하면서, 로마인들은 게르만족들로 대표되는 이민족들과 본격적으로 조우하게 된다. 서양의 전통적인 시대 구분론은 4세기 말에서 6세기 중반까지 진행되었던 게르만족의 대이동을 고대와 중세의 분기로 파악한다. 하지만 이질적인 문명 간의 접촉은 대규모 이주, 갈등과 충돌, 낯선 것에 대한 소원함뿐 아니라 동화와 융합, 새로운 종족의 탄생 등 다양한 모습을 빚어냈고, 그 결과 과거 단절과 대립의 장소로만 이해되었던 변경 지대는 이

오늘날 잉글랜드와 스코틀랜드 사이에 있는 하드리아누스 방벽의 잔해. 2세기 초에 건설된 방어벽으로 유네스코 세계유산으로 등록되어 있다.

제 '접경 공간'이라는 새로운 사이 공간으로 이야기된다.

이러한 이야기를 다룰 때, 20세기의 고고학적 발굴과 역사인류학 등의 지원을 받아 정립된 후기 고대론Late Antiquity은 기존의 에드워드 기번식의 로마제국 쇠망론Decline and Fall과는 대비되는 역사 해석을 제공한다. 즉 로마제국은 몰락한 것이 아니라 형질이 변화transformation해 재편되었다는 것이다. 이런 시각으로 보자면 게르만-로마의 접경 공간 역시 새로운 유럽 문명이 탄생하는 창조적 장소로 인식될 수 있다. 예컨대, 스스로를 프랑크족이자 로마제국의 군인Francus ego cives Romanus miles in armis으로 여겼던 게르만족 한 남성의 이중적 정체성이나 프랑크족들의 왕rex Francorum이기에 앞서 로마제국의 고위 관료comes로 불리기 원한

스스로를 프랑크족이자 로마제국의 군인으로 여겼던 한 게르만족 남성의 묘비. 첫번째 줄에 'FRANCUS EGO CIVES ROMANUS MILES IN ARMIS(나는 프랑크족이자 로마제국의 군인)'라고 씌어 있다.

말로바우데스(383년 혹은 388년 사망)의 사례는 두 문명의 조우로 새로이 통합된 종족이 탄생했음을 시사한다.

새로운 종족의 탄생

서로마제국 말기의 게르만족 엘리트들은 스스로를 로마제국의 정치적 계승자로 인식했다. 이를테면 어린 시절 10여 년을 동로마제국 수도 콘스탄티노플에서 볼모 생활을 한 동고트족의 테오도리쿠스(454~526)는 훗날 동고트족의 왕이 된 후에도 보이티우스와 카시오도루스 같은 당대 최고의 로마인 지식인들을 참모로 기용했다. 영원한 제국 로마에 대한 테오도리쿠스의 예찬은 "나의 유일한 희망은 로마제국의 모방"이라고 고백한 그의 편지에서도 잘 드러난다.

메로빙거 왕조의 창건자인 클로비스 1세(446~511)도 유사한 사례다. 클로비스 1세 역시 말로바우데스와 마찬가지로 자신을 게르만족의 수장인 동시에 로마제국의 관료로 생각했다. 당시의 과도기적 상황을 감안하면, 라인강 연안의 접경 공간에서 형성된 이러한 복합적이고 다중적인 정체성은 어쩌면 불가피한 현상이었을지도 모른다. 원주민이었던 로마인들은 현상 유지를 위해 신참자인 게르만족을 활용하려 했고, 게르만족은 새로운 정체성을 구축해 접경 공간을 정합整合하는 실용적인 노선을 걷고자 했다. 요컨대 리처드 플레처가 지적했듯이, 문명의 단층선은 "느슨해지지 않는 긴장된 상태"였지만 충돌의 공간이라기보다는 "서로 다른 문화의 사람들이 같은 지역을 공유하고 있었다는 차원에서 '다문화적' 사회"에 가까웠다.

십자군, 문명의 충돌?

유럽의 중세사에서 또 다른 접경 공간의 출현은 십자군 전쟁으로부터 비롯된다. 십자군 전쟁은 단순히 이슬람 세력이 그리스도교의 성지 예루살렘을 점령해서 일어난 것이 아니었다. 십자군 전쟁은, 인구 증가와 경작지 부족, 장자 상속제의 정착에 따른 차남 이하 출신 방랑 기사들의 급증, 한탕을 노리는 기회주의적 상인 집단, 로마 교황의 정치·종교적 야망 등 당시 서유럽 사회가 경험한 사회적 격동이 빚어낸 거대한 프로젝트였다. 즉 십자군 전쟁의 원인은 그리스도교와 이슬람 간의 원초적 증오심 따위가 아니라 11세기 이후 팽창을 거듭하던 서유럽 세계의 정치-종교-경제 권력의 세속적인 이해타산이었던 것이다. 유럽 사회 내부를 휘감은 소용돌이가 지중해 세계에서 이슬람을 몰아내겠다는 전쟁으로 확대되었고, 이는 결국 오늘날까지 돌이킬 수 없는 불행의 씨앗이 되어버렸다.

접경, 치유의 역사적 공간

십자군 원정이라는 전쟁은 시칠리아와 에스파냐 남부의 안달루시아, 근동 각지에 산재한 이슬람-그리스도교 접경 공간에서 상대방에 대한 왜곡된 이미지를 양산했다. 서로를 향한 증오와 갈등이 더욱 팽배했지만, 역설적이게도 전쟁의 상처를 치유하는 작업 역시 접경 공간에서부터 시작되었다. 비록 상황 의존적이고 선택적인 관용이긴 했지만, 접경 공간의 구성원들은 상호 이해와 공존convivencia을 모색하면서 이슬람-그리스도교의 접경 공간을 차츰 치유의 역사적 공간으로 바꾸어갔다.

사실 접경 공간에서 신참자들은 수적으로 뒤졌기 때문에 무리한 사회정치적 재편을 시도하기 어려웠다. 따라서 그들은 다수를 차지하는 피지배자의 관습과 제도를 존속시킬 수밖에 없었고, 인종-종교적 중재자를 대리인으로 내세워 과도기를 극복하려 했다. 이러한 과정에서 문화 수용이 이루어졌고, 자연히 일정 정도의 문화적 동질화나 수렴 현상이 뒤따랐다.

한편 서양 중세의 또 다른 접경 공간인 독일 동북부 지역에서도 이와 비슷한 상황이 전개되었다. 이른바 슬라브 십자군 전쟁 역시 그리스도교 신앙의 확산보다는 영토 확보와 금전적 욕망(당시의 사료는 재물 획득이라는 뜻의 라틴어 'pro pecunia'를 명확히 언급했다)에서 비롯된 사건이었다. 하지만 이곳에서도 일방적인 침략과 약탈은 일시적인 현상이었을 뿐이다. 본래 다양한 슬라브족들이 거주하던 땅으로 이주한 신성로마제국 출신의 '손님들'은 현지인들과 협력해 도시를 건설하고, 점차 잡거와 혼종의 독일-슬라브 접경을 형성했다.

이러한 독일인과 슬라브족의 결합은 메클렌부르크, 포메른, 브란덴부르크, 오버작센, 슐레지엔 등에서 '새로운 종족'을 등장시켰다. 슬라브화된 게르만 지역Germania Slavica으로 불리는 이들 독일 동북부 지역은 19세기 독일 통일을 주도한 프로이센이 유럽의 강국으로 부상하는 발판을 마련한 장소이기도 하다. 비스마르크에서 제3제국으로 이어지는 독일 근현대사의 중심이 '슬라브-게르만 혼혈성'이 뿌리내린 접경 공간으로부터 비롯된 것을 보면 역사에 영원한 중심과 주변은 없는 법이다.

광범위한 조우와 공존이 점차 일상이 되자 안달루시아, 시칠리아, 독일 동북부 지역 등의 접경 공간의 거주민들은 현실과의 타협에 익숙해졌다. 그리고 그들이 마주한 현실이 복잡다단했기 때문에 접경 공간은 모순의 장소일 수밖에 없었다. 그곳은 이념적 증오가 판을 치는 공간인 동시에 인간의 이성과 합리성을 실험하는 공간이었다. 배제와 관용, 전쟁과 상호 의존, 편견과 실용주의가 혼재한 장소이자, 양자택일의 논리 대신 양자 병합의 논리가 제시되는 뒤엉킨 역사의 공간이기도 했다.

침묵과 묵인, 또 다른 형태의 관용

분단의 극복이 바로 통일의 길로 이어지지는 않는다. 강요된 단절이 만든 이질감과 적대감을 극복하기 위해 접경 공간의 구성원들은 어쩌면 분단 상황보다 더 큰 어려움을 겪을 수도 있다. 중세 로마-게르만, 이슬람-그리스도교, 게르만-슬라브 접경의 사례는 관용이 그 해결책이 될 수 있음을 알려준다. 물론 교조주의적 종교 집단은 이교도와의 공존을 탐탁하게 여기지 않았기 때문에 잡거와 혼종의 현실은 기록으로 남기 어려웠다. 따라서 중세 접경 공간이 경험한 공존의 다양한 모습을 사료를 통해 복원하는 것은 쉽지 않다. 오히려 근대 역사학이 등장한 19세기 이후에는 민족주의의 열풍 속에서 민족 감정의 각성에 적합한 사료들이 의도적으로 수집되면서, 역사가 과거를 정당화하는 '정치적 무기로서의 역사'로 변질되기도 했다.

그러나 중세의 종교 세력은 표면적으로는 호전적인 십자군의 기치를 휘날리면서도 한편으로는 실리를 추구할 수밖에 없었다. 이념과 현실의 괴리 앞에서 그들이 취한 방침은 침묵이라는 형태의 관용이었다. 때와 장소에 따라서는 묵인의 이데올로기가 오히려 조우와 충돌의 장소를 화해의 공간으로 만드는 데 도움을 주기도 한다. 다시 말해 접경 공간의 중세인들은 전략적 침묵이라는 수단을 택했던 것이다.

이 때문에 이베리아반도의 레콩키스타 이후 발렌시아 교회는 이슬람에 대한 세속 군주의 관용 정책을 탐탁해하지 않으면서도 묵인하고 침묵했다. 그 결과, 군사적 충돌이 빈번하던 국경 지대에서 타 종족과의 결혼, 이중 언어의 사용, 개종, 교역과 이주가 점차 일상이 될 수 있었다. 침묵과 묵인이라는 형태의 관용이 접경 공간을 창조적이고 역동적인 장소로 바꾸었던 것이다. 이러한 아슬아슬하면서도 기묘한 중세적 공존은 단종론, 균질론과 통합론 등으로 규정되는 근대 민족국가가 대두될 때까지 면면히 이어졌다.

근대의 국경, 판도라의 상자

국경 연구는 세계·국가·지역의 권력이 등장하고 힘을 겨루는 장소인 국경선을 통찰하는 학문이다. 전통적인 국경 연구는 국경을 보호·단절·통제·차단의 기능을 하는 배타적 선이자 주권의 날카로운 모서리로 이해하면서, 반드시 수호해야 하는 신성한 경계선으로 인식했다. 그러나 코로나19라는 초국경적 팬데믹은 우리에게 국경의 의미를 다시 생각하게 한다.

국경의 배타적·공격적 기능만을 강조한 나머지 이를 불통의 장벽으로 파악했던 고전적 국경 이론은 국경이 갖는 접촉과 협력 기능을 설명하는 데 한계를 드러낸다. 국경을 넘나드는 초국가적 감염병은 자국의 이득만 고려한 정책이 더 큰 혼란을 유발할 수 있으므로 이웃 나라와 함께 대처하는 것이 확산을 예방하는 지름길임을 새삼 일깨워주었다. 국경을 군사적 요새나 정치적 '장벽'이 아니라 공생을 위한 '교량'으로 인식하는 경향이 증가한다.

인간이 그어놓은 경계는 자기가 판 함정에 자신이 빠지는 것처럼 스스로를 옥죄어왔다. 역사를 보면 국경은 중앙정부의 정책적 개입과 무관하게 국경 이편과 저편에서 각자 독자적으로 활동하던 지방 세력들의 초국경적 협력과 통합의 과정이 진행된 '접경 공간'으로서, 상호 의존과 관용, 새로운 국가와 문명의 탄생 등 다양한 모습을 빚어낸 개방적이고 역동적인 장소였다.

더 읽을거리

■ 유희수, 『낯선 중세』, 문학과지성사, 2018.
■ 차용구, 『국경의 역사: 국경 경관론적 접근』, 소명출판, 2022.
■ 프레더릭 잭슨 터너, 『미국사와 변경』, 손병권 옮김, 소명출판, 2020.

제3부

이주와
국가 만들기

이주로 인해 새로운 정치 공동체가 형성되곤 한다. 대표적으로, 오늘날의 미국은 지난 수 세기에 걸쳐서 이주민 집단이 (원주민을 정복하고) 세운 국가다. 이같이 역사적으로 국가 형성은 초경계적 이주와 정착의 연속적 결과물이다. 이주 과정에서 다양한 종족의 융합, 정체성의 반복적 재구성, 전쟁과 협상, 혈연 네트워크의 확산, 종교의 수용은 경계를 무화시켰다.

중세 유럽 사회는 이주와 국가 형성이 뒤얽히는 시기를 경험했다. 중심부에서 카롤링거 왕조가 해체되면서 새로운 왕국들이 탄생하는 동안에, 유럽의 주변부는 이주로 인해서 카오스 상태가 되었다. 1000년까지 잉글랜드, 스코틀랜드, 아일랜드, 프랑스 북서부의 해안가는 바이킹의 정복과 이주가 이루어졌고, 이베리아반도는 무슬림의 새로운 고향이 되었다. 이후에는 이주 행렬이 동유럽과 발트해, 시칠리아와 동지중해 끝자락으로 향했다.

중심부에는 새로운 권력 관계가 구축되고, 주변에는 새로운 지배 세력이 등장하면서 유럽의 중심과 주변은 변화를 겪는다. 이주는 개간 이주(체코·슬로바키아)와 초청 이주(헝가리)와 같은 유입(pull) 요인이 중요한 경우도 있었지만, 인구 증가로 인해 부족한 정주지를 확보하기 위한 배출(push) 요인이 강하게 작용한 경우도 있었다. 무엇보다도 경계 지대인 주변부를 주목해야 하는 이유는 이곳에 다종다양한 새로운 이문화가 유입되면서 문명의 뜨거운 용광로가 가동되었기 때문이다.

제11장

로마인이 되고자 했던 게르만족의 알라리크

호모 미그란스

인간은 더 나은 환경을 찾아 끊임없이 경계를 넘나들며 이동해왔다. 경계 너머의 새로운 정착지에서 자신의 위치와 정체성을 지속적으로 협상하고 재구성했다. 그래서 이주하는migrans 인간homo이라는 '호모 미그란스Homo Migrans'라는 신조어가 등장하기도 했는데 이는 인간은 이주하는 본성을 지녔다는 말이다. 그러나 경계로부터 벗어나려는 유목민적 삶의 방식은 무질서와 혼란을 일으키는 침략과 같은 것으로 인식되기도 했다. 이주가 기존의 권력 위계를 교란시키고 파열음을 낸다고 생각했기 때문이다. 이동성보다 정주와 부동성이 정상적인 역사로 받아들여지면서, 대규모 이주는 재앙이라는 생각이 폭넓게 확산되었다.

로마 약탈

1890년에 프랑스의 화가 조제프노엘 실베스트르는 410년의 로마 약탈을 소재로 로마제국이 이룩한 문명과 이를 파괴하는 침략자들의 야만성을 극단적으로 대비시킨 그림을 그렸다. 화가는 벌거벗은 야만인들이 로마제국의 문명을 파괴하는 장면을 상상해서 그렸지만, 그 내용은 410년 8월의 무더운 여름에 3일 동안 자행되었던 약탈이라는 역사적 사실에 근거한다. 그림에서 말을 타고 만행을 쳐다보고 있는 인물은 야만인으로 묘사된 서고트족의 왕 알라리크(370경~410)로, 약탈 행위에 적극적으로 관여하지 않고 구경꾼처럼 한발 물러서서 관조적인 태도로 바라보고 있어서 인상적이다. 일반적으로 서고트족은 '게르만 민족 이동Völkerwanderung'을 촉발시킨 장본인으로 알려져 있다. 중앙아시아로부터 서진하던 훈족의 압박을 받아 흑해 연안에 거주하던 서고트족이 다뉴브강을 넘어 로마제국의 영토로 이동(376)하고, 뒤이어 여러 게르만족이 도미노처럼 로마제국의 방어선을 무너뜨리면서, 극심한 혼란기에 빠졌던 서로마제국은 정확히 100년 뒤인 476년에 멸망했다.

프랑스의 역사학자 마르크 블로크는 저서 『봉건사회』에서 게르만족의 침입을 "작열하는 도가니"로 표현한 바 있다. 후대의 사람들에게 410년의 로마 약탈은 1천 년 이상 유지된 로마제국의 수도가 파괴되고 제국의 자존심이 야만인에게 무참히 짓밟히는 순간으로 여겨졌다. 그러나 당시 로마제국의 수도는 콘스탄

조제프노엘 실베스트르의 「로마 약탈」(1890). 그림에서 보여지는 '야만에 의한 문명의 파괴'는 화가의 상상력의 산물이다. 410년의 로마 약탈로 도시 전체가 파괴되거나 대량 탈출 사태가 일어나지는 않았다.

티노플로 옮겨진 뒤였기 때문에 로마는 명예 수도에 불과했다. 서고트족의 지도자 알라리크도 로마제국의 국경을 넘어 단숨에 로마를 함락시켰던 야만족의 부족장과는 거리가 멀었다. 당시 마흔 살 남짓 되었던 그는 어린 시절부터 로마제국의 국경 지역에서 살았던 로마화된 게르만족 지도자였기 때문이다.

당시의 많은 게르만족들과 마찬가지로 그의 부족도 로마제국의 적극적인 이주 정책의 수혜자였다. 알라리크의 부족은 훈족의 압력을 피해 로마제국 내부로 이주를 요청했고 이에 황제가 허락함으로써 합법적으로 이주를 했다. 따라서 이들의 로마제국으로의 이주는 무단 침입이나 불법 체류가 아닌 정치적 망명에 가까웠다. 황제는 이들을 받아들이고 로마제국 영토에 정착하도록 했는데, 심지어 도강하는 이들을 돕기 위해서 로마제국 군대의 배들이 동원되었다고도 한다. 이는 국경 너머 배후의 위험을 미연에 제거하고 이들을 이용해서 로마제국을 위협하는 다른 이민족들을 공격하는 이이제이以夷制夷의 한 방편이었다.

로마제국과 야만족Barbarians은 배타적인 대립 관계라기보다 상호의존적인 관계였다. 로마제국은 오래전부터 국경 인근의 게르만족들과 외교·군사적으로 긴밀한 협력 관계를 유지했고 교역도 활발하게 했다. 그래서 로마제국의 라인강-다뉴브강 국경선은 문명과 야만이 마주치는 문명 단층선이 아니라 선택적이지만 통과가 가능한 투과막透過膜과 같았다. 376년의 수용receptio과 집단 이주는 이러한 국경 안팎의 긴밀한 관계망 속에서 총체적으로 이해되어야 한다. 알라리크의 종족도 여타의 게르만족 집단들과 마찬가지로, 이주 이전부터 로마제국과 조약foedus를 체결하고 동맹foederati 관계를 맺었다. '포에데라티foederati'는 시대마다 의미하는 바가 다르지만 이는 로마제국을 위대한 제국으로 만들었던, 공화정 시기부터 동맹국 확보를 위해 추진했던 전략의 연장선 위에 있다. 양측은 조약을 통해 동맹 관계를 맺고, 동맹국은 자치권을 확보하고 재정적 보조를 지원받는 대신에 로마제국에 병력(보조군)을 파견할 의무를 졌다.

이러한 월경越境으로 로마제국의 국경은 이민족과의 교류와 상호 학습 장소가 되어갔다. 게르만족들은 로마제국의 문명을 학습하고 동화되었으며, 로마인들은 게르만족의 전투 기술 등을 습득할 수 있었다. 국경은 정보가 모여드는 호수와 같아서, 국경을 넘나드는 이주자들이 자기 고향과 지속적으로 연락을 취하면서 익숙해진 경로를 따라 인적·물적 교류를 이어가다 보면 이런 교류에 따른 정보들은 물결과 같이 흘러 흘러 국경이라는 호수로 모였다. 더욱이 로마제국 후기로 갈수록 내전이 심해지고, 국경 방위의 인적·재정적 부담이 증가하자 변경 인근에 거주하던 게르만족을 군사적으로 적극 활용하고자 했다. 이로써 로마제국은 변경에 대한 압력을 이완시키는 한편, 부족한 병력을 보충할 수 있었다. 로마제국 말기의 정치적 혼란은 게르만족의 수용과 이들의 군사적 중요성이 부각될 수 있는 계기가 되었던 것이다.

로마제국과 변경 근처에 거주하는 게르만족의 관계도 시간에 따라서 변했다. 이들이 제공하는 병력과 로마제국 상품의 수입 등 인적·물적 교류의 확대는 양측의 우호적 관계를 유지시키고 상호 의존도를 더욱 높였다. 로마제국 후기로 갈수록 변경 안으로의 이주는 증가했고, 먼저 들어온 이주자를 통해서 유입로와 현지 상황 등에 대한 다양한 정보가 고향 사람들에게 전달되었다. 이들은 고향으로 귀환한 귀향자들과 더불어 적의 상황이나 지형 따위를 정찰하고 탐색하는 임무를 맡은 척후병과 같은 존재였다. 이주민 대부분이 교역로를 따라 남하해서 라인강-다뉴브강에 설치된 로마제국의 교두보를 거쳐서 합법적으로 유입되었다는 사실은 이주가 강둑을 넘어 쏟아지는 봇물과 같은 현상이 아니었음을 암시한다. 이들은 주로 부족 간의, 혹은 부족 내부의 권력 싸움에서 패하고 일종의 정치적 망명을 한 자들이었다. 훈족의 침입에도 불구하고 일부는 이들에 복속되어 고향에 남았지만 일부는 로마제국의 구성원이 되었다.

376년의 수용과 이주는 로마제국에 극심한 혼란을 불러오기보다는 오히려 동맹 관계를 돈독히 하는 계기가 되었다. 로마제국의 힘은 여전히 남아 있었고 비록 버거운 상대였지만 황제는 이들을 로마제국 경영에 활용하는 방법을 알고 있었다. 이렇게 해서 서고트족은 로마제국의 군대에 편제될 수 있었고, 로마제국 황제를 위해서 전투에 참여했다. 그래서 6세기의 어느 역사가는 로마제국과 게르만족의 군대가 마치 한 몸velut unum corpus과 같이 움직였다고 기록했다. 로마제국은 이주민으로부터 충성과 병력 지원을 얻는 대신에, 이들에게 정착지에서의 자치를 인정하고 토지 경작과 통상을 허락했다. 단지 로마제국의 시민권 부여 여부는 명확하지 않았지만 조세 수입은 확보할 수 있었다.

통합되었던 로마제국은 이미 3세기부터 긴 내전과 제위의 불안정으로 균열을 보이기 시작했다. 로마제국은 통일성과 균형이 급속도로 무너지면서 무정부 상태에 가까운 정치적 내분과 사회경제적 파편화와 혼란이 있었고, 로마제국은 제국 안의 부족한 인력을 보충하기 위해 변경의 게르만족들을 수용하고 이들을 내정에 더욱 깊이 연루시켰다. 외세의 이주로 인해 로마제국이 몰락한 것이 아니라 로마제국이 쇠약했기 때문에 이주가 진행된 것이다.

알라리크의 서고트족은 로마제국 군대의 정규군으로 활동하면서 군부의 실세가 되어 로마제국 내정에 깊숙이 개입할 수 있었다. 410년에 로마를 약탈했던 이들은 변경 안으로 몰려들어 약탈을 일삼았던 도적 무리가 아니었다. 이들의 우두머리 알라리크는 엄연히 로마제국 군대의 최고사령관magister militum이었다. 따라서 약탈은 로마제국 문명을 파괴하려는 야만적 불청객들에 의해 자행된 것이 아니라 로마제국의 수호를 위해서 황제의 편에서 싸웠던 게르만족 출신의 '귀화' 로마인들이 벌인 것이었다. 이들이 성장하는 데에는 400년경 로마제국의 혼란과 와해가 크게 영향을 주었다. 알라리크는 로마제국의 불만 세력을 규합해서 새로운 종족을 형성하는 데 성공했다.

일부 게르만족 장군들은 결혼을 통해 로마제국 황실과 인적 결합을 했음에도 불구하고, 게르만족에 대한 차별 정책이 여전하고, 부패하고 무능한 로마제국 관료들이 게르만족 병사들의 급료를 지급하지 않자 불만이 커져갔다. 알라리크의 로마 약탈은 로마가 800년 만에 처음으로 외적에 의해 점령당했다는 점에서 상징적 의미가 크다. 그러나 최근의 고고학적 조사는 410년의 약탈로 도시 전체가 파괴되거나 대량 탈출 사태가 있었다는 것을 입증하지 못했다. 알라리크 세력은 로마로부터 적절한 물질적 보상을 받는 대가로 순순히 물러났던 것이다.

로마제국의 쇠락으로 400년경 로마제국의 국경 지대는 통치 조직의 붕괴와 권력 공백에 허덕였고 로마제국의 발전된 물질문명은 서서히 낙후되어갔다. 이러한 힘의 공백을 틈타 게르만족이 로마제국 내부로 이주할 수 있었다. 즉, 게르만족의 이동으로 로마제국이 멸망한 것이 아니라 로마제국의 와해가 이주를 가속화했다는 설명이다. 일반적으로 이주의 배출 요인만 생각하는데 유입 요인도 중요하다. 이는 바로 로마제국의 정치적 공백이었다.

흑해에서 대서양으로

로마 약탈 직후 알라리크가 죽자 황제 호노리우스(384~423)는 이탈리아반도에 머무르던 서고트족을 이베리아반도의 다른 이민족과의 전투를 위해 끌어들였다. 서로마제국 정부가 속출하는 제위 참칭자들과 여러 게르만족들에 대항하기 위해서 서고트족과 다시 동맹을 맺은 것이다. 이후 전략적인 이유에서 419년에 서고트족을 프랑스 남서부에 위치한 대서양 연안의 아키텐 지역으로 불러내 그곳에 정착하도록 한다. 이들은 로마제국 군대의 일원으로 다른 게르만족을 상대하면서 점차 그 세력을 확장하면서 툴루즈를 수도로 왕국을 건설하게 된다. 이는 로마제국 영토에 설립된 최초의 게르만족 왕국이자 고대 로마사에서 비로마인들이 로마제국 국경 안에 건설한 최초의 왕국이었다.

4세기 후반에 시작되었던 서고트족의 이주와 정착은 이상과 같이 40년 넘게 진행되었으며 이는 일방적인 약탈과 침략이었

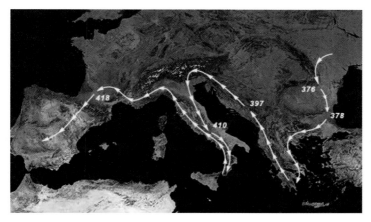

서고트족의 이동은 흑해 연안에서 시작해서 이베리아반도까지 40년 넘게 진행되었던 긴 이주와 정착의 모습을 보여준다. 툴루즈의 서고트왕국은 로마제국 영토에 설립된 최초의 게르만족 왕국이었다.

다기보다는 로마제국 후기의 혼미한 상황 속에서 발생한 일련의 사건들이었다. 로마제국이 전쟁 포로를 학살하거나 이들을 노예로 삼고 점령지의 촌락들을 파괴했다고 해서 로마인들을 야만인이라고 부르지는 않는다. 따라서 410년의 로마 약탈은 게르만족이 특별히 야만스러워서가 아니라 이들이 로마제국과 동맹 관계를 맺은 후 로마제국의 군사·정치 집단들 사이의 내분에 휩싸이면서 벌어진 사건이었다.

장기간에 걸친 수천 킬로미터의 파란만장한 이동 과정에서 여러 게르만족들이 합류한다. 출신지가 다양했던, 대부분 전쟁 포로인 노예들도 들어오면서 그 규모가 눈덩이처럼 불어났다. 이들은 경계를 넘나드는 힘든 이동과 이주를 경험하면서 '서고트인'이라는 개방적인 초종족적 집단 정체성을 확립할 수 있었다.

이는 기존의 '민족' 이동과는 다른 개념의 이주였다. 게르만 민족 이동은 하나의 단일 민족의 이주가 아닌 로마·켈트·슬라브·게르만 등 복수의 정체성들을 융합하면서 새로운 종족을 탄생시켰다. 테르빙기족(알라리크가 속했던 게르만족의 일파)−로마인−서고트족으로 이어지는 정체성의 변화는 경계 횡단 이주 시기마다 서로 다른 정체성이 구성되었음을 보여준다. 이는 국가와 민족 정체성이 초역사적이거나 고정불변하는 실체로 다가오는 오늘날의 상황과는 사뭇 다른 모습이다. 그러나 고정불변의 고유한 집단 정체성도 해체와 재구성을 지속적으로 반복하면서 만들어진 잠정적 결과물이다. 역사가 이를 잘 말해준다.

더 읽을거리

- 패트릭 J. 기어리, 『민족의 신화, 그 위험한 유산』, 이종경 옮김, 지식의풍경, 2004.
- 피터 히더, 『로마제국 최후의 100년: 문명은 왜 야만에 압도당했는가』, 이순호 옮김, 뿌리와이파리, 2008.
- 피터 히더, 『로마제국과 유럽의 탄생: 세계의 중심이 이동한 천년의 시간』, 이순호 옮김, 다른세상, 2011.

제12장

이방인 통치자
클로비스1세

19세기의 프랑스 화가 프랑수아루이 드쾬은 「클로비스의 세례, 496년 12월 25일 랭스 대성당Baptême de Clovis à Reims le 25 décembre 496)」이라는 유화 그림을 그렸다. 랭스 대성당의 주교인 레미기우스가 이교도였던 프랑크족의 왕 클로비스 1세에게 세례를 주는 장면이다. 그림 왼편에는 세례식에 참석한 게르만족이 그려져 있고 이들 중 일부는 무릎을 꿇고 의식에 참여하고 있지만 방패를 들고 서 있는 한 전사는 사뭇 못 미더운 표정을 짓고 있다. 오른편에는 레미기우스를 선두로 갈리아에 살고 있던 로마인들이 보인다. 클로비스 1세의 부인으로, 막후에서 남편의 개종에 영향을 주었던 클로틸드 왕비도 참석했다.

성인이 되어 세례를 받는 클로비스 1세는 로마식 갑옷을 입었지만 손에는 '프란시스카Francisca'로 불리는 프랑크족의 상징과도

프랑수아루이 드쥔의 「클로비스의 세례」. 프랑스의 대통령이었던 샤를 드골은 "클로비스야 말로 프랑스 역사의 시작이라고 생각한다"고 말한 바 있다. 오늘날에도 클로비스의 세례는 프랑스 민족의 탄생으로 일컬어진다.

같은 도끼를 들고 있다. 로마와 게르만 두 문명의 결합이 클로비스 1세의 세례에 체화되었음을 보여준다. 화가는 클로비스 1세에게 생명의 빛을 더하면서 새로운 민족의 탄생을 축복했다.

이주민 정복자

로마제국 북서부 변방에 인접하여 살고 있던 프랑크족은 로마인은 물론 다른 게르만족들과 비교해서도 생활과 문화 수준이 상당히 낙후되어 있었다. 로마제국은 프랑크족의 이러한 약점을 이용하여 이들을 로마제국 국경 방위에 끌어들였다. 라인강 북부에 있는 오늘날 네덜란드의 캄펜 인근에 '보호구역'으로 이들을 집단 이주케 했다. 이렇게 해서 로마제국은 불모지와 다름없던 이곳을 경작시키고 배후의 다른 게르만족과 로마제국 사이에 완충 지대를 형성할 수 있었다. 서고트족과 마찬가지로 프랑크족도 로마제국 영토로 이주하기 전부터 로마제국과 군사·사회·문화적으로 긴밀한 관계를 맺고 있었던 것이다.

프랑크족의 전사들은 로마제국 군대 내에서 탁월한 군사적 공헌을 함으로써 로마제국 군단의 최고 사령관들을 배출했다. 말로바우데스는 율리아누스 황제를 보필한 공로를 인정받아 372년부터 383년까지 서로마제국의 군사령관직을 수행했고, 리코메레스와 바우토는 동로마제국까지 진출하여 384년과 385년에 각각 집정관consul을 역임한 뒤 최고군사령관이 되었다. 400년경의 프랑크족은 로마제국 전역을 무대로 활동하면서 막강한 권력을 장악했던 군벌 가문을 일으켰다. 리코메레스는 아우구스티누스와 같은 당대의 대표적인 지식인들과 교류했을 정도로 문예에도 조예가 깊은 로마제국의 지식인이었으며, 그의 조카인 아르보가스트(394년 사망) 또한 군인으로서 서고트족의 알라리크에 대항해 싸웠다. 프랑크족이 고대 로마제국의 사회와 문화에 동화되었다고 평가할 수 있다.

일족이 '해외'에서 직업군인이자 정치가로 명성을 떨치는 동안에 고향에 남아 있던 이들도 로마제국의 동맹자로서 로마제국에 헌신하면서 자신의 정치적 기반을 다져나갔다. 프랑크왕국의 실질적 창건자라고 할 수 있는 클로비스 1세는 파리를 거점으로 갈리아 북부를 지배하던 로마제국의 세력을 정복하고 마침내 알라리크의 서고트왕국이 통치하던 루아르강 이남을 정복하여 오늘날의 프랑스 지역 대부분을 차지하게 된다(507). 서고트왕국이 고향에서 수천 킬로미터 떨어진 곳으로 힘들게 이주해서 새로운 정착지를 마련할 수 있었다면, 프랑크족은 잉크가 종이에 번지듯이 빠른 속도로 지배권을 확산시켰다.

경계의 접합, 클로비스 1세의 개종

클로비스 1세의 개종과 관련해서 일반적으로 496년에 동부 알레만니왕국과 벌였던 처절한 톨비악 전투가 언급된다. 알레만니왕국은 여러 게르만 부족들을 규합한 연맹왕국으로, 오늘날의 독일 남서부 지역을 거점으로 세력을 서쪽으로 확장하면서 프랑크왕국과 만나게 되었다. 프랑크왕국과의 전투에서 수세에 몰렸던 클로비스 1세는 톨비악까지 퇴각하고 병사들의 사기도 떨어지던 상황에서, 경건한 가톨릭 신자였던 왕비 클로틸드에게 전투에서 승리할 수 있다면 아내가 믿는 그리스도를 섬기겠다고 약속했다.

클로틸드의 기도에 힘입어 기적적으로 대승을 거두고 돌아온 클로비스 1세는 맹세에 따라 세례성사를 받는다. 이후 또 다른 게르만족인 서고트족과 치른 전투에서도 승리를 거두고 갈리아

아리 셰페르의 「496년의 톨비악 전투」(1836). 검은 말을 타고 왼팔을 하늘을 향해 뻗은 인물이 클로비스 1세다. 바닥에는 전사한 적들의 시신과 부상자 들이 보인다.

지역 대부분을 차지하게 되었다. 그러나 그의 개종은 오래전부터 계획되었던 정치적 목적의 개종이었다.

그의 친인척들과 마찬가지로 클로비스 1세 역시 로마제국 군대가 만들어낸 '스타'였다. 그 역시 로마화된 게르만족으로 로마제국 군대에서 세력을 확보할 수 있었다. 아이러니하게도 서고트족과 프랑크족도 모두 로마제국의 후원이 있었기 때문에 독자적인 왕국을 건설할 수 있었다. 이는 마치 미국이 아프가니스탄의 탈레반을 키웠으나 이들에 의해서 그곳으로부터 쫓겨난 것과 같은 모양새다.

갈리아 정복과 지배를 위해서는 이곳에 잔류하고 있던 토착 세력의 정치와 군사적 지원이 절실했다. 각 지방의 토착 권력자들은 로마제국 엘리트들의 후손으로, 신참자인 클로비스 1세는 이들과 우호적인 관계를 유지할 필요가 있었다. 클로비스 1세가 로마제국 원로원의 딸과 결혼했다는 헛소문이 떠돌았던 것도 이러한 절박함 때문이었을까? 서로의 이익을 추구했던 프랑크 부족 가문들 간의 갈등 상황도 클로비스 1세로 하여금 로마제국 유민들에게 가까이 다가가도록 했다.

이러한 상황에서 그가 496년에서 507년, 즉 갈리아 정복이 진행되던 어느 시점에 그리스도교로 개종한 것도 로마제국 권력자들의 환심을 사기 위함이었다. 로마제국 유민들이 믿고 있던 그리스도교에 호의적인 정책을 전개하는 것이 새로운 왕국의 지배권 확립을 수월하게 한다는 점을 그는 잘 알고 있었다. 주교와 수도원장 등 고위 성직자들이 귀족 가문 출신이었으니 갈리아 지역의 교회 세력을 자신의 편으로 만들어야만 했다.

클로비스 1세는 다른 게르만족들이 믿었던 아리우스파 대신에 정통으로 인정받은 아타나시우스파로 개종했다. 그가 게르만족의 왕으로서는 처음으로 아타나시우스파 그리스도교로 개종한 것은 콘스탄티노플의 황제로부터 서유럽에서 로마제국의 계승자로 인정받을 수 있는 좋은 기회이기도 했다. 이주민 정복자에게 걸림돌이었던 정통성 문제를 일거에 해결할 수 있는 요술봉과도 같은 것이었다. 갈리아 교회도 로마인과 프랑크족 사이의 우호 관계를 유지하고 증식시킴으로써 격동기의 피해를 최소화하려 했다. 클로비스 1세의 세례식을 주관한 랭스 대성당의 주교 레미기우스는 갈리아의 새로운 통치자를 교회의 후원자로 만들고자 부르고뉴 출신으로 가톨릭 신자였던 클로틸드와의 결혼을 중매하기도 했다. 클로비스 1세의 개종은 이종적 경계를 허물고 경계를 접합articulation하려는 이주민과 원주민의 경계 사유의 결과였다.

클로비스 1세의 개종과 세례는 왕실 가족들과 그의 추종자들도 함께 참여했던 집단 개종이었다. 클로비스 1세는 개종을 통해서 옛 로마제국의 주민들과 공동체적 유대를 굳힐 수 있었고 이는 성공적인 정치적 결정이었다. 다행히도 아리우스파 게르만족이 통치하던 부르고뉴왕국과 서고트왕국에서 가톨릭교회 성직자들과 멸망한 서로마제국의 귀족들이 친프랑크적 성향을 보이기 시작했다. 아타나시우스파였던 이들은 다른 종파를 신봉했던 게르만 통치자들을 불신했기 때문이다. 이러한 두 왕국의 종교와 정치적 내부 분열은 이들과 전투를 앞두고 있던 프랑크왕국에게 유리하게 작용했다.

이주와 경계 횡단

프랑크족의 이주는 지리적·문화적 경계 횡단border crossing이었다. 이주 주체는 경계를 구성하는 긴장과 갈등을 넘나들면서 이질적이고 대립적인 두 영역의 접합을 시도했다. 그 결과 문화 횡단적이고 경계 횡단적인 이종교배가 진행되면서 점차 경계는 모호해진다. 클로비스 1세의 개종으로 게르만 문화의 그리스도교화가 급진적으로 전개되지도 않았으며, 그리스도교 신앙도 게르만 문화를 조금씩 수용했다. 프랑크족의 매장 풍습이 가톨릭 교회에 받아들여졌고, 성인 공경이나 성유물 숭배 풍조가 강화된 것도 게르만적 토착 신앙과 그리스도교 신앙이 융합한 결과다. 게르만족의 옛 축제들은 새로운 이름으로 지속되었고, 그들이 모셨던 성소도 계속 존재했다. 그렇게 해서 성인에게 봉헌된 거룩한 숲이 등장했고, 물의 요정이 살고 있다고 믿었던 샘은 성모 마리아의 샘이나 성녀의 샘으로 이름이 바뀌어 존속했다. 신년이나 하지 등의 절기에 게르만족의 풍습 역시 살아남았고, 이러한 관행 가운데 일부는 아직도 남아 있다.

서고트족과 프랑크족 이주의 흐름을 지켜보면, 경계 횡단은 종족적 차이를 만들기보다는 다양한 종족을 포용하는 동질성을 생산해냈다. 문화 횡단과 접합은 경계의 벽을 허물었고 새로운 질서를 형성했다. 물론, 이주자들을 동일한 법적 질서 안으로 강제적으로 포섭하고 때로는 추방과 배제, 차별적 포섭과 병합하려는 예상보다 강한 경계 시스템이 목격되지만 말이다.

고대 말과 중세 초의 대이동 시기에 대해 패트릭 기어리는 『메로빙거 세계』에서 로마인과 게르만족의 구분이 매우 유동적이며, 이주 과정에서 새로운 종족 정체성이 지속적으로 재구성되었다고 한다. 기어리는 이 시기를 "쇠퇴와 멸망의 우울한 시대"가 아니라 새로운 유럽이 탄생하는 "활력과 창의가 넘치는 시기"로 보았다. 그는 더 나아가 이주민이었던 게르만족이 로마 세계를 이제까지와는 다른 '새로운' 로마로 재창조했음을 역설한다. 이주가 역동적인 역사를 만든 것이다.

더 읽을거리

■ 에드워드 기번, 『로마제국 쇠망사 3』, 송은주 · 윤수인 옮김, 민음사, 2009.
■ 차용구, 「클로비스의 개종(500년경)을 통해서 본 그리스도교 신앙과 게르만 문화의 만남」, 『사목』 282, 2004.
■ 패트릭 J. 기어리, 『메로빙거 세계: 한 뿌리에서 나온 프랑스와 독일』, 이종경 옮김, 지식의풍경, 2002.

제13장

이주민이 만든 나라
헝가리왕국

오늘날 이주와 이주민 이슈는 사회적 관심과 우려를 낳고 있다. 다양한 이주민이 세운 국가이자 대표적인 다문화 사회인 미국조차도 트럼프 행정부 시대에 반이주민 정책을 펼친 바 있다. 국내에서도 이주민들에 대한 차별은 코로나19를 계기로 더욱 심해졌다고 한다. 국내 거주 외국인이 230만 명을 넘어서면서 대한민국도 다문화·다인종 국가(이주 배경 인구가 총인구의 5퍼센트 이상) 진입을 눈앞에 두고 있다. 인류의 역사는 이주의 역사라고 하지만 이주민들의 위상은 시대와 지역에 따라 차이를 보인다. 이주의 원인도 다양해서, 바이킹들처럼 초대받지 않은 불청객도 있었지만(「제16장 바이킹 디아스포라」 참조) 특별한 환대를 받았던 이주민들도 있었다.

이주의 시작, 마자르족의 등장

바이킹들이 노브고로드와 키이우(키예프)를 거점으로 '키예프 루스'라는 국가를 건국하던 시기인 900년경, 오늘날의 헝가리 지역에도 마자르족이 정착한다. 러시아의 바이킹은 이슬람 세계와의 노예무역을 통해서 막대한 부를 축적하고, 이를 기반으로 국가 건설에 필요한 재원을 충당할 수 있었다. 마자르족은 4세기 훈족, 6세기 아바르족처럼 유라시아 대초원 지대에서부터 먼 길을 이동한 유목민 집단이었다. 이들은 새로운 이방인으로서 모든 것을 순전히 혼자 힘으로 시작하고 해결해야만 했다.

게르만족들이 훈족에 쫓겨서 로마제국 영토로 이동했던 것처럼, 마자르족도 페체네그족에 밀려서 강제적으로 연쇄 이주chain migration하게 된다. 그렇게 해서 마르크 블로크의 표현대로 "날 벼락처럼 불쑥" 유럽에 나타났다. 그러나 마자르족과 이전의 훈족·아바르족의 이주에 있어서 큰 차이점은, 훈족·아바르족의 이주로 게르만족, 롬바르드족, 슬라브족 들의 이주가 연쇄적으로 이루어진 것에 비해 마자르족의 이주는 대규모 이주를 촉발하지 않았다는 점이다. 오늘날 체코와 슬로바키아 지역에 살던 모라비아족이 도망가지 않고 맞서 싸웠기 때문이다. 이들은 자신이 살던 곳을 고국으로 생각하고 목숨을 걸고 지키고자 했다. 농업 생산성 향상과 교역에 힘입어 부를 축적할 수 있었기에, 유목민의 침입을 피해 다른 지역으로 이주하기보다는 성과 방호벽을 구축해서 재산을 보존하는 방법을 택했던 것이다.

1894년의 그림 「헝가리인들의 도래」. 헝가리인들이 895년 판노니아 평원에 나타난 사건을 천년이 지나 기념하는 그림으로, 당시 헝가리인들을 이끌었던 7명의 부족장들이 중심에 그려져 있다.

약탈의 역사는 헝가리왕국의 건설과 밀접한 연관성이 있었다. 주기적이고 지속적인 약탈 행위는 동쪽으로는 콘스탄티노플, 서쪽으로는 독일, 이탈리아 북부와 프랑스 남부, 이베리아반도까지 이어졌다. 이들은 귀금속과 사람들을 닥치는 대로 약탈했다. 붙잡혀온 자들은 남쪽의 비잔티움제국과 이슬람 세계에 노예로 팔려 나갔다. 카롤링거 왕조의 분열로 나약해진 정치·군사적 상황은 이들의 지속적인 약탈을 가능케 했다. 유목민들은 물 흐름과 같은 정보 네트워크를 기반으로 성장했다. 그만큼 외적인 요인 못지않게 내부의 정세 판단 능력도 국가 형성에 중요했다는 것이다. 타지에 협상을 위해 파견된 사신들로부터 정보를 제공받으면서 상대방의 왕권이 미약하거나 부재했던 상황을 재빨리

간파했다. 군주들 사이의 불화를 적절히 활용할 줄도 알아서, 적
대 관계에 있던 두 군주 가운데 한 편을 지원함으로써 정세를 자
신들에게 유리하게 몰고 가기도 했다.

하지만 955년 독일 남부의 레히 강가의 평원에서 벌어진 치열
한 전투에서 신성로마제국의 오토 1세에게 패하면서 이들은 형
가리 지역에 정착하게 된다. 비록 패전으로 인한 반강제적인 정
주였지만 이들의 유목민적 이동성mobility은 국가 형성의 기반이
되었다. 블로크의 표현대로 "말의 사육자이자 전사였고, 암말의
젖이라든가 사냥과 어로에서 획득한 것들을 먹고 살았으며", 인
력, (약탈품과 노예를 포함한) 물자, 정보의 광범위한 이동에 익숙
했던 이들은 국가 형성에 유리한 조건을 갖추고 있었다. 955년
이후 이들도 바이킹과 마찬가지로 약탈 포기-정착-개종이라는
유사한 운명을 겪었다. 이렇게 해서 10세기 말에 이주민이 건설
한 나라, 헝가리왕국이 탄생할 수 있었다.

다종족 이주민 국가의 탄생

우랄산맥 남쪽 기슭의 초원 지대에서 시작된 이동 과정에서
피노우그리아족Finno-Ugric에 속하는 마자르족과 터키 계열의 여
러 부족들이 합세를 했다. 헝가리 지역에 정착하면서 그곳에 살
고 있던 슬라브족들이 합류하여 다종족 왕국이 탄생하게 된다.
헝가리의 초대 왕이자 기젤라의 남편 이슈트반 1세의 아버지가

당시 유럽 최강국인 신성로마제국에 경도되면서 로마가톨릭교회를 수용한다. 이렇게 유럽 공동체의 일원으로 받아들여지고 문화적 동질성을 확보하면서 초경계적 협력과 교류가 활발해졌다.

하지만 종족적 분포만큼이나 개종 과정도 복잡하고 서로 부대껴야만 했다. 원시종교를 믿던 이주민들은 로마가톨릭교회와 남쪽에서 유입되었던 그리스정교회를 새롭게 접하게 되고, 결국 원시종교-로마가톨릭교회-그리스정교회 등 세 종교가 공존하는 모습을 보였다. 이렇게 중세 헝가리는 다종교적 접경 지역이 되었다. 16세기부터 오스만제국의 지배를 받으면서 이슬람이 유입되자 종교적 접경성은 더욱 강화되었다. 이슈트반 1세가 그리스도교로 개종한 이후에도 그리스정교회의 영향력이 사라진 것은 아니었다. 13세기에 비잔티움제국과의 관계가 악화될 때까지 그리스정교회 수도원은 존속했고, 두 왕실 사이의 외교와 혼인 관계도 돈독했다. 이처럼 아슬아슬한 외교적 줄타기와 냉철한 계산에 입각한 실리적 대응은 접경 국가의 또 다른 특징이기도 하다.

중세 헝가리의 역사는 이주의 역사라 불릴 정도로 적극적인 이주 정책이 진행되었다. 정착 이후에는 동쪽에서 유입된 무슬림, 유대인, 불가리아인, 쿠만인을 적극적으로 유입하는 정책을 활용했다. 이들은 콘스탄티노플, 키이우와의 교역을 주도했고 군사적인 임무도 담당했다. 여전히 유목민들이 동부 국경을 침략하자 이를 막기 위해서 독일기사단과 구호기사단Hospitallers을 끌어들이는 이이제이의 방법을 썼다. 명분과 실리의 균형을 유지하면서 이합집산을 하는 목적 추구형 현실 정치는 다양한 이

탈토시(Táltos)는 헝가리의 샤먼으로 신과 인간을 연결해주는 무당과 상당한 유사하다. 그림에서는 탈토시가 종교의식을 거행하면서 무가(巫歌)를 부르고 있다.

해관계가 충돌하는 접경 지역의 일상이기도 했다.

　무엇보다도 서유럽과 동유럽을 연결하는, 신성로마제국-헝가리-키이우 무역로가 새롭게 조성되면서 원거리 무역을 담당하는 유대인과 무슬림 상인들의 방문과 정착이 잦아졌다. 신흥 이주민 왕국인 헝가리에게는 이들에게서 거두어들이는 조세 수입이 국가 건설에 필수불가결한 재원이었다. 이베리아반도의 문명의 용광로에서 주조되었던 문화적 번영에 버금갈 정도는 아니었지만, 이주민들의 경제-군사적 역할은 국가 발전에 기여한 바가 컸다.

"더 많은 외국인을 이주시켜라!"

이슈트반 1세는 헝가리왕국을 세운 초대 국왕이면서 헝가리에 그리스도교를 전파하여 나중에 성인으로 추대되었다. 부다페스트에는 그를 기리는 '성 이슈트반 대성당'이 있고 그의 동상도 곳곳에서 볼 수 있다. 그가 작성한 『십훈』에서는 '이주자들의 환대와 대우'를 왕이 지켜야 할 10개의 덕목 중 하나로 꼽으면서 이주자들을 현지인과 동등하게 보살피라고 하고 있다. 외국인 차별 금지는 헝가리왕국의 건국이념이었다.

이방인에 대해 왕이 내렸던 어명은 측은지심과도 같으나 유목 사회의 정치구조 속에서 왕권 강화를 위해 서유럽, 특히 신성로마제국의 지원이 절실했을 때 전해졌다. 실제로 이슈트반 1세 자신도 신성로마제국 출신의 '이주민' 부인을 맞았는데, 당시 '이주민' 부인과 함께 헝가리에 온 이주민은 학문과 군사기술을 보유하고 있는 기사와 성직자, 즉 군사와 종교 분야의 전문가였다. 이처럼 중세 헝가리 왕들은 종교나 종족에 개의치 않고 모든 이주민을 동일하게 대우하는 관용 정책을 펼쳤다.

왕은 더 많은 이주민들을 모으고 이주를 장려하고자 '친애하는 이주자들'에게 법률적·경제적·종교적 자치권을 인정하는 특허장을 발행했고, 헝가리는 "다양한 인종의 사람들이 모여든 왕국regno tuo diversarum nationum conventus"의 대표적인 사례로 칭송되었다. 무엇보다도 국가 건설 과정에서 필요했던 인력 충원이 절실했다. 옛날 같으면 다른 지역을 약탈하여 부족한 노동력을 충

헝가리 부다페스트에 처음으로 세워진 이슈트반 1세의 동상. 1906년에 제작되었으며 왕관을 쓴 이슈트반 1세는 대관식 망토를 덧걸친 채 말을 타고 있다.

당했겠지만 여의치 않았다. 대신에 통치자들은 이주를 통해서 국경 방어 및 미개간지와 산림 지대의 경작을 장려했다. 동시에 왕권이 상대적으로 미약했던 지역에서 토착 귀족 세력을 견제하고자 했다. 이러한 이유로 헝가리왕국의 주변부인 북동, 남서, 남동 지역의 국경 수비, 광산, 교역 거점지의 이주자들에게 집중적으로 특허장을 발행해주었다. 이민자들을 끌어들여 변경 지역의 경제와 국방을 튼튼히 하려는 이민 실변 정책移民實邊政策은 노동력 확보와 국방 강화를 목적으로 하는 국가 부흥 정책이었다.

국가에 헌신했던 이주민들

중세 헝가리 왕실이 하사한 특허장은 이주 수용국의 계획적이고 선별적인 이주 정책을 고찰할 수 있는 중요한 사료로서, 이주민의 이주가 왕실의 경제적 이득 이외에 지방 세력에 대한 견제와 함께 왕권 강화와 대내외적 안정을 꾀하는 정책의 일환이었음을 보여준다. 이주민 특허장이 부여된 지역이 왕국의 중심부가 아니라 주변부였다는 사실은 국경 지대의 방위가 이주 정책의 또 다른 목적이었음을 시사한다. 부족한 인력으로는 자주국방이 불가능하다는 현실적인 판단에 따라 계획적인 이민 정책은 최선의 방안이었다. 결과적으로, 이주민 집단은 유사시 전투에 참여하면서 공동체의 일원으로서 소속감과 자부심을 느꼈다. 고향은 주체主體가 정립되는 곳이다.

공동체의 대표를 선출할 수 있는 정치적 자치권, 경제적 면책 특권, 종교적 자유를 보장한 특허장은 왕과 이주자 간의 권리와 의무를 규정했지만, 이주민을 단순한 통치의 대상이 아니라 국가 운영의 협력자로 자리매김했다. 이주민들은 신민들concives로서 현지인뿐 아니라 여타 지역에서 유입된 여러 인종의 주민들과 잡거와 공존을 하면서 헝가리왕국의 주민으로서 살아갔다. 때로는 별도의 주거 지역에서 독립적으로, 때로는 독일, 헝가리, 슬라브족 등 여러 지역 출신의 이주자들이 공동으로 거주하면서 commorantibus, 중세 헝가리왕국의 인종적 혼종과 잡거라는 흥미로운 모습이 연출되었다. 이주민들은 출신지와 상관없이 모두에게 부여된 동일한 특권을 향유하면서 공생했다. 종족과 문화 다양성을 지키면서 원주민과 이주민이 공동의 목표를 향해 함께 사는 시대가 도래한 것이다.

더 읽을거리

- 김현일, 『유럽과 만난 동양 유목민: 유라시아 초원의 정복자 동양 유목민에 대한 유럽인들의 기록』, 상생출판, 2020.
- 차용구, 「헝가리 아르파드 왕조의 독일인 이주 정책 연구: 13세기 전반기의 특허장을 중심으로」, 『서양사론』149, 2021.
- 페르디난트 자이트, 『중세, 천년의 빛과 그림자: 근대 유럽을 만든 중세의 모든 순간들』, 차용구 옮김, 현실문화연구, 2013.

제14장

변경 국가 우크라이나

키예프 루스 공국의 대공비 올가

북쪽의 발트해에서 도래한 바이킹들이 현지 슬라브족들과 함께 오늘날의 우크라이나, 벨라루스, 러시아 일대에 건설한 키예프 루스 공국의 제2대 통치자 이고리 1세(878경~945)가 죽자, 그의 부인 올가 대공비가 나이 어린 아들을 대신해서 섭정했다(945~963경). 올가도 스칸디나비아에서 러시아 프스코프로 이주해온 바이킹 이주 귀족의 딸이었다. 이고리 1세와 정략결혼을 하고, 우크라이나의 키이우로 이주해온 그녀는 바이킹의 후예답게 탈경계적 이주와 정주의 삶을 살았다.

이고리 1세의 급작스러운 사망으로 국정을 총괄하게 된 올가의 정치적 판단이 그 어느 때보다 중요해졌다. 복속된 슬라브족들의 저항이 갈수록 격렬해지면서 이들을 억누르려는 군사행동도 더욱 무자비하고 잔인했다. 결국 그녀는 신흥 국가의 취약점을 보완하기 위해 외세에 의존하는 전략을 선택했다. 당대 최고의 강대국이었던 비잔티움제국의 힘을 빌리기 위해 전통적인 토착 신앙을 포기하고 957년에 직접 콘스탄티노플로 가서 그리스정교회 세례를 받기까지 했다. 올가의 개종으로 키이우에는 그리스정교회가 전파되었고 그녀의 손자인 블라디미르가 정교회를 국교로 선언하는 발판을 마련할 수 있었다.

키이우가 있는 우크라이나 지역은 선사시대부터 동서 교통로의 중심이었다. 게르만족, 훈족, 아바르족 모두 이곳을 거점으로 유라시아의 초원 지대를 넘나들었다. 유라시아의 '지정학적 중심축pivot'으로 불리는 우크라이나의 중요성 때문에 이곳에 정착한 어떤 정치 세력도 오랫동안 통일된 국가를 유지한 적이 없었다. 올가의 부족도 우크라이나를 '잠시' 점령했던 세력으로 국가 운영을 위해서는 안정적이고 균형 잡힌 군사와 외교적 방어막이 절실했다. 비잔티움제국의 황제가 올가와 결혼해서 비잔티움제국의 영향력을 확대하려고 적극적인 구애 전략을 펼치자, 이에 대항하는 방안 모색이 절실해졌다. 그래서 올가는 비잔티움제국에 편향된 의존도를 재고하고 좀 더 균형 잡힌 외교 전략을 추구하기 시작했다.

결국 당시 새롭게 부상하는 서유럽의 신흥 강국이었던 신성로마제국에 사절단을 파견했고(959), 이들을 접견한 오토 1세는 키이우에 자신의 신복이었던 아달베르트라는 인물을 보낸다.

키이우에 있는 올가의 동상. 이 동상은 그리스정교회의 성인인 올가를 위해 하얀색 대리석으로 제작되었다. 하지만 올가는 저항하던 슬라브족들을 잔인하게 살해했던 무자비한 통치자이기도 하다.

하지만 비잔티움제국의 견제와 키예프 루스 공국 내부의 반발로 아달베르트는 도망치듯 황급히 키이우를 떠나야만 했다. 이후 천년이 지난 지금 유사한 일이 우크라이나에서 다시 벌어지고 있다. 우크라이나가 러시아의 영향권에서 벗어나려고 서방의 NATO(북대서양조약기구)로부터 지원을 받고자 했으나, 결국 러시아의 공세적인 정책을 불러오는 결과를 가져왔기 때문이다.

멀고 먼 국가 건설의 길

비잔티움제국과 신성로마제국 사이에서 펼친 올가의 곡예 외교는 우크라이나가 안고 있는 역사적 숙명이 되어버렸다. 본래 '우크라이나'라는 말은 동슬라브어의 u(인근)와 kraina(변경)의 합성어로 '변경·접경지대borderlands'라는 의미다. 12세기부터 등장한 이 명칭은 1917년 러시아혁명 이후에 세워진 '우크라이나 인민공화국'의 국명으로 채택되었다. '변경'을 의미하는 일반명사였던 '우크라이나'가 고유명사가 된 것이다. 더 흥미로운 사실은 이때 '우크라이나'가 국가로서 지도상에 처음 등장했다는 것이다. 따라서 1917년까지도 대다수의 우크라이나 거주민들은 스스로를 우크라이나인으로 생각하지 않았다.

국명에서부터 지정학적 특징이 드러나듯이, 우크라이나는 역사적으로 독립된 국가 형태를 길게 유지한 적이 별로 없다. 우크라이나는 키예프 루스 공국이 13세기 몽골의 침략으로 멸망하

1919년의 삽화로 우크라이나를 침략하는 러시아, 폴란드, 헝가리 군인들. 우크라이나의 역사는 강대국에 둘러싸여 있어 사면초가의 역사였다.

고, 이후 리투아니아 대공국의 지배를 받으면서 이민족의 지배 하에 있었다. 1569년부터는 폴란드의 영향권으로 편입하게 되면서 국제 정세에 따라 이리저리 귀속되었다. 이처럼 우크라이나 역사의 대부분은 주변 강력한 세력들의 침략과 지배를 받았다. 러시아의 로마노프(1613~1917), 터키의 오스만(1299~1922), 오스트리아의 합스부르크(1282~1918), 프로이센의 호엔촐레른 (1701~1918) 왕조가 강력한 근대국가를 형성하던 시기에 이들의 사이에 낀 우크라이나는 대외적으로는 독립과, 내부적으로는 민족국가 형성을 위해 고군분투해야만 했다. 이러한 노력에도 불구하고 19세기에는 합스부르크제국과 러시아제국이 현재의 우크라이나 동부와 서부를 각각 분할 점령하게 된다. 그나마 신생 독립국 우크라이나 인민공화국도 불과 몇 년 만에 소멸했고,

결국 1922년에 서쪽은 폴란드, 동쪽은 소련의 영토가 되었다.

서유럽과 러시아의 경계에 위치한 지정학적 특수성으로 우크라이나의 역사는 러시아의 영향을 받는 동부와 서유럽의 영향권에 있던 서부로 찢어진 채 전개되었다. 수백 년간의 종족적·문화적·종교적 이질감은 우크라이나인으로서의 정체성을 모호하게 만들었다. 동서의 차이를 극복하지 못하고 민족국가를 형성하는 데 실패한 것이다. 1991년 소련 해체와 더불어 독립한 우크라이나의 최대 문제점이자 과제는 여전히 동과 서의 대립과 갈등이다. 지난 30년간 역대 대통령 선거에서 '동'과 '서'가 번갈아 권력을 잡으면서 정치권의 동·서 힘의 균형은 아슬아슬했다.

문명 단절국 우크라이나

새뮤얼 헌팅턴은 1996년에 출간된 『문명의 충돌』에서 우크라이나를 문명 단절국으로 규정한 바 있다. 러시아를 제외하고 옛 소련 공화국들 중에서 인구도 가장 많고 농업과 광물 자원도 풍부한 큰 나라이지만―지구상에서 가장 비옥한 흑토 지대에 있는 우크라이나는 '유럽의 빵공장'으로 불린다― 우크라이나는 두 개의 상이한 문화로 나뉜 단절국이다. 수도 키이우를 가로질러 흑해로 흐르는 드네프르강을 경계로, 서구 문명과 정교회 문명의 단층선이 몇 세기째 우크라이나의 심장부를 관통하고 있다.

서부 우크라이나 사람들은 우크라이나어를 공용어로 사용하고 있는데, 러시아와 국경을 접하고 있는 동부는 대부분 러시아어를 사용하며 정교회 신자가 압도적으로 많다. 반면에 폴란드·슬로바키아·헝가리와 국경을 맞대고 있는 갈리치아 지역의 주민 대부분은 우크라이나정교회의 의식과 교리를 준수하면서도 로마 교황의 권위를 인정하는 독자적인 우니아트 교회Uniate Church 신자다. 사실 서西 우크라이나 지역이 동부 우크라이나와 통일되어 오늘날의 우크라이나가 된 것은 제2차 세계대전 이후로 비교적 최근의 일이다. 그나마 1991년까지 옛 소련에 편입되었기에 독립국가로서의 역사는 얼마 되지 않는다.

우크라이나는 역사적으로나 문화적으로 변경·접경지대의 일반적인 특징을 보인다. 즉, 다중적 주체들이 교차적으로 서로 얽혀 있는 삶, 이중 언어 사용, 종교와 문화적 다양성, 정치적 합종연횡과 이합집산, 외세에 대한 저항과 경계들에 따라 형성된 다양한 가치들이 하나로 수렴되는 현상이 바로 그것이다. 경계의 모호함이 종식되고 여백이 없어지는 순간 그곳은 더 이상 사이 공간이 아니다. 경계 지대는 빨강, 파랑, 노랑의 삼원색이 혼합된 회색 지대로, 양자택일의 논리로부터 벗어난 균형감각이 살아 있는 "반성적 평형(존 롤스가 『정의론』에서 제안한 개념으로, 의견 불일치가 생기면 숙고된 도덕 판단·논의·상호 조정을 통해 이쪽저쪽을 맞추면서 잠정적이고 대안적인 규칙을 정립해내는 과정을 말한다)", '두터운' 정체성과 가치들 사이에서 공공선을 추구하는 중첩적 합의가 이루어지는 곳이다. 따라서 다원주의가 배척될 때 공존과 포용의 공간인 경계 지대는 소멸된다. 지금의 우크라이나 사태는 변경 국가가 갖는 접경성·초국가성·다자성·다의성·역동성·(재)구성성·창조성을 파괴하고, 서구냐 러시아냐 하는 양자택일의 선택을 강요하는 자기 확신에 찬 극단주의 세력들 때문에 일어난 것이다.

우크라이나는 역사적으로 러시아와 서구의 지정학적 중간국이자 완충 지대로서 지렛대 역할을 했었다. 헌팅턴은 『문명의 충돌』에서 러시아-우크라이나의 미래에 대해 1) 같은 슬라브 문명 국가인 양국이 협력해서 조화로운 공존을 모색하거나, 2) 우크라이나가 단층선을 따라 두 개의 실체로 분리되고 동부 지역이 러시아에 병합되거나, 3) 우크라이나가 분리되지 않은 채 문명 단절국(한 국가가 두 개 이상의 상이한 종교문화적 정체성을 유지하는 국가)으로 남아 있으면서 러시아와 우호 관계를 맺는 세 가지 시나리오를 예견했다. 유라시아 대륙의 교차로에 위치한 접경 국가로서 우크라이나의 역사적 정체성을 올바로 이해하는 것이 문제 해결의 출발점이 될 것이다.

세계적 석학 노암 촘스키도 우크라이나 사태 해결의 방안으로 "동부 지역에 고도의 자치권을 부여하고 연방국가로의 전환"을 제시한 바 있다. 더 나아가 우크라이나의 중립화를 통해서 접경 국가로서의 역사적 위상을 회복해야 한다. 강대국의 '사이 공간'으로서 우크라이나는 배타적 양자택일의 논리가 아닌 양자 공존의 논리가 통용되며 이질적인 다양한 문화가 공존하고 타협하는 접경 공간으로 거듭나야 할 것이다.

강대국 사이에 '끼인 국가'인 지정학적 중추국pivot state인 우크라이나는 자국의 문제 해결을 위해 외세(NATO)에 의존함으로써 또 다른 외세(러시아) 개입의 빌미를 제공했다. 문화적·지정학적 단층선에 위치한 중간국의 숙명으로만 받아들이기에는 너무나 값비싼 대가를 치르고 있다. 소련 해체 이후 내부로는 동-서 지역을 통합하는 '국가 건설' 임무를 힘들게 수행하면서도, 외부로는 서구, 러시아, 중국이 유라시아 중부 지역에서 벌이고 있는 신 그레이트 게임New Great Game의 전략적 '열점hot spot'이 되고 말았다. 특정 강대국에 치우친 선택을 피하고 동서 분단 상황에서 협력적 공존을 모색하는 방안이 더 시급해 보인다. 우크라이나의 고민이 남의 일 같지 않다.

더 읽을거리

- 미하일로 흐루셰브스키, 『우크라이나의 역사 1, 2』, 한정숙 옮김, 아카넷, 2016.
- 민경현, 「러시아와 우크라이나의 역사와 영토에 대한 논쟁」, 『유럽의 영토 분쟁과 역사 분쟁』, 동북아역사재단, 2008.
- 황영삼, 「페레야슬라브 회의가 러시아-우크라이나에 끼친 영향과 역사적 평가」, 『슬라브학보』 21, 2006.

제15장

망명, 추방 그리고 환대

추방과 망명

잉글랜드 노팅엄셔의 셔우드 숲에서 추종자와 함께 살았다는 전설적인 의적 로빈 후드는 그 자신도 패거리들도 추방자였다. 이는 비록 가공의 인물들 이야기이지만, 추방령은 실제로 범법자의 기반을 뿌리째 뽑아버리는 처벌로서 범죄 예방 효과도 커서 중세에 가장 많이 내려진 형벌 중의 하나였다.

역사상의 인물인 엘시드는 고향인 카스티야에서 추방당하면서 생존을 위해 용병으로 전쟁에 참여한다(「제9장 세계의 접경 중세 에스파냐」 참조). 중세에는 망명자들이 용병으로 생계를 유지하는 것이 일반적이어서 비슷한 시기에 이탈리아 남부에서 활동하던 노르만족도 고향에서 추방된 사람들이 많았다고 한다. 엘시드와 노르만족 모두 망명자였지만 각각 발렌시아와 시칠리아에 그들의 왕국을 건설했다. 이산離散의 시대에 망명지에서 자신들의 국가를 건설했던 것이다.

아마도 중세의 가장 잘 알려진 망명객은 이탈리아의 작가 단테(1265~1321)일 것이다. 정치적 반역자로 기소된 단테는 고향 피렌체에서 추방되어 베로나를 거쳐 라벤나에서 20여 년 동안 망명 생활을 했다. 그의 대부분의 저작 활동이 이 기간에 이루어졌고, 대표작인 『신곡』과 『향연』도 이때 집필되었다. 단테는 망명지에서 후원자들의 지원이 있었기에 현실 정치와 거리를 두고 집필 활동에 전념할 수 있었다. 베로나의 시뇨리 광장에 서 있는 그의 동상이나 라벤나에 묻힌 무덤 등 모두 단테의 오랜 망명 생활의 흔적들이다.

여성들도 망명을 했다. 중세 헝가리의 초대 왕인 이슈트반 1세의 부인 기젤라도 남편이 죽자 정적들에게 추방당했다. 기젤라가 말년에 머물렀던 망명지는 독일 남부 바이에른 지역으로 그곳은 그녀가 태어난 곳이자 그녀의 인척이 통치하던 곳이었다. 그녀는 이곳에서 귀환과 복권復權을 기다렸지만 헝가리로 흘러들어가는 다뉴브 강가의 니더른부르크 수녀원에서 숨을 거둔다. 스코틀랜드의 성녀 마거릿은 그녀의 아버지가 헝가리에서 유배 생활을 하는 도중에 '망명 공주'로 태어났고, 잉글랜드로 돌아온 뒤에도 정치적 격변의 소용돌이에 휩싸여 귀국한 지 10년 만에 스코틀랜드로 다시 망명하지만 그곳에서 50세의 나이에 숨을 거둔다. 인생의 대부분을 망명지에서 살았던 그녀는 가난하고 병

스코틀랜드의 왕 맬컴 3세가 마거릿 일행을 따뜻하게 맞아주는 장면으로 1900년경의 그림이다. 맬컴 3세와 결혼하여 스코틀랜드 왕비가 된 마거릿은 망명지에서 여섯 명의 왕자와 두 명의 공주를 낳았다.

잉글랜드의 왕 헨리 2세에 의해 추방당하는 토머스 베켓. 오른쪽은 망명지에서 병들어 누워 있는 베켓이다.

든 사람들을 위해 행했던 성덕을 인정받아 망명지(!) 스코틀랜드의 수호 성녀로 선포되었다. 그 외에도 왕실과 귀족 가문의 수많은 딸들이 어린 나이에 본인의 의사와 관계없이 '강제 결혼'을 해서 먼 타지에서 망명과도 같은 삶을 살아야만 했다.

이처럼 중세에 망명이 가능했다는 것은—물론 로빈 후드는 망명지를 찾지 못해서 숲으로 피신했지만!—그만큼 촘촘한 초경계적 네트워크가 구축되어 있었다는 사실을 반증한다. 세속 귀족들은 결혼을 통해서 그리고 성직자들은 교회 조직을 통한 월경적越境的 상호작용이 가능하여 경계를 자유롭게 넘나들 수 있었다. 박해, 분쟁, 폭력으로부터 탈출하고, 보다 좋은 경제적 환경을 찾고, 자신이 속하고 싶은 공동체의 구성원이 되려는 개인의 권리는 구속되지 않았다. 자유롭게 국경을 넘을 자격이 있는지, 출신국을 떠날 조건이 되는지, 다른 나라에 거주할 권리가 있는지 등을 검토하고, 이민과 난민의 수용을 엄격하게 심사하는 오늘날 국가의 모습과는 대비된다. 오히려 중세 시대에 경계를 넘어 구속이나 억압에서 벗어날 수 있는 해방과 자유가 주어졌다고 할 수 있지 않을까 한다.

성직자들도 망명의 길을 떠났다. 잉글랜드 캔터베리의 대주교 안셀무스는 왕권과 갈등을 겪다가 두 번(1097~1100, 1103~1106)이나 유럽 대륙으로 망명길에 올랐다. 역시 캔터베리의 주교로 왕의 반교회적 입법을 거부했던 성 토머스 베켓은 도망치듯이 서둘러 프랑스로 망명을 떠났다(1164~1170). 12세기의 대표적인 지성 솔즈베리의 존John of Salisbury도 1160년대의 대부분을 프랑스와 교황청에서 망명 생활을 했다. 그러나 정치적 박해를 피해 망명을 선택했던 이들은 곳곳에서 세속 군주들과 성직자, 일반인들로부터 환대를 받았다.

이러한 모습은 티베트의 승려이자 중국의 탄압을 피해 망명생활을 하고 있는 달라이 라마가 해외에서 환대를 받는 것과 같다. 노벨 평화상을 받기도 한 그는 미국, 유럽 등지에서 열광적인 분위기에서 강연회를 갖곤 하는데, 뉴욕의 센트럴파크에서 대중 연설을 했을 때에는 수만 명의 인파가 몰려들기도 했다. 세계의 학자, 정치가, 심지어 할리우드 '불자' 스타들까지 그를 만나고 싶어 하고, 실제 만났으며, 그의 책들은 세계적인 베스트셀러가 되었다. 하지만 오늘날에는 이주민과 망명자 환대는 극히 이례적이라고 할 수 있다.

환대의 정신

중세에는 경계를 넘나드는 월경이 국경의 부재, (오늘날과는 비교할 수 없는) 느슨한 보안 검색 등으로 빈번할 수 있었다. 중세의 망명 역시 '극비리에' 진행되고 있는 오늘날의 망명과는 사뭇 다른 모습이었다. 물론 도주와 망명 과정 자체는 암암리에 진행되었겠지만 도주나 망명 이후 망명자들의 생활은 참으로 인상적이었다. 이들은 망명지 곳곳에서 연회와 만찬에 초대되었고 선물까지 듬뿍 받았다. 망명자를 환대하는 것은 편들어서 감싸주고 보호하는 비호庇護(Asylum) 보장의 의무를 이행하는 일종의 미덕이었다. 이는 고난받는 자에 대한 그리스도교적 연대solidarity의 정신이기도 하다.

아우구스티누스 이래로 그리스도교 신학자들은 비호를 사회적 책무로서 강조했고, 망명은 영적·육체적 수련을 위한 순례와 같은 것으로 국가와 사회는 망명자를 보호해야만 했다. 그래서 망명은 라틴어의 순례를 뜻하는 '페레그리나치오peregrinatio'로 표기되기도 했다. 망명과 순례 모두 현실의 삶에서 벗어나 구도의 삶을 모색하는 과정으로 인식되었다는 점에서 유사하다.

솔즈베리의 존은 망명은 세속적 권력투쟁으로부터 자신을 자유롭게 하며 그의 영혼을 더욱 풍요롭게 하는 친구와 같다고 말한 바 있다. 안셀무스도 "나의 망명은 교회의 자유를 위한 영적 싸움이다"고 했다. 순례와 망명은 타락한 현세에서 해방되어 영혼이 청결해지는 평화와 자유로 가는 발걸음이라는 점에서 상통

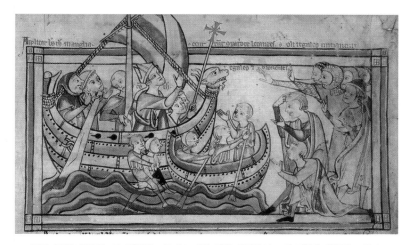

망명지에서 잉글랜드로 귀향하는 토머스 베켓. 많은 사람들이 그의 귀향을 환영하고 있다. 그는 6년간의 망명 생활을 청산하고 1170년에 고향으로 돌아왔다.

한다.

망명자와 순례자 모두 평화를 염원한다. 그들의 이주와 귀환 이주return migration는 평화로운 사회를 실현하기 위함이다. 추방은 사회 공동체의 평안과 번영을 저해하는 자를 일시적 혹은 영구적으로 배제하는 '타자 추방 의식'이며, 그래서 추방자는 더이상 공동체의 보호를 받지 못한다는 의미에서 독일어로 '프리드로스Friedlos(평화를 상실한 자)'로 불린다. 반면에 망명은 반란과 폭동에 의지하지 않고 물질적·심리적 소유를 포기하는 자기희생의 결단이다. 망명은 상실감과 정체성의 혼란 등으로 특징되기보다는 평화를 잇는 동력이다. 망명은 평화를 만들어나가는, 행동하는 힘으로 재정의되어야 한다. 이것이 바로 우리가 망명자를 친절하게 맞아야 하는 이유다.

칸트는 『영구평화론』에서 "환대는 이방인이 누군가의 영토에 도착했을 때, 적대적으로 취급받지 않을 권리", 즉 '환대의 권리'를 강조한 바 있다. 세계시민적 덕목인 환대는 주인이 찾아온 손님을 적대 없이 안전하게 머무르게 해주는 것이다. 최소한의 친절을 베푸는 환대의 권리가 보장될 때에만 인류가 영구 평화를 향해 지속적으로 나아가고 있다고 말할 수 있다는 것이다.

망명자의 환대는 주인이 문지방을 사이에 두고 문밖에 있는 손님을 맞이하는 것이다. 이쪽과 저쪽을 갈라놓는 문지방은 안과 밖의 두 공간이 만나는 접점이며 통로이기도 하다. 문지방이라는 경계 영역에서 이곳은 저곳과 조우하며 교류하고, 환대라는 행위는 문지방에서 새로운 공간을 창출하게 된다. 이렇게 해서 두 영역을 구분 짓는 차이 공간이 역동적인 중간 지대로 변모할 수 있지만, 경계가 창조적인 새로운 공간이 되기 위해서는 결단과 의지가 필요하다. 문지방 공간에서 변화와 이행이 일어날 수 있도록 주인/손님이 서로 다가가서 '문지방 경험'을 먼저 수행해야 하기 때문이다.

유럽 각국이 러시아의 우크라이나 침공으로 발생한 대규모 난민을 이례적으로 환대하고 있다. 유럽에서 난민에 대한 '환대의 정신'이 되살아났다는 평가도 나온다. 하지만 우크라이나 난민은 환영하고 시리아 난민은 외면하는 유럽의 난민에 대한 잣대는 이중적이고 명백한 차별이다.

고대 로마 시대에 문門의 수호신인 야누스Janus는 문의 출입을 관장했다고 한다. 두 개의 얼굴을 가지고 있는 그는 문턱에서

'열쇠'와 '몽둥이'를 들고 문의 안팎을 동시에 감시하면서, 남을 때려 쫓아버리거나 문을 열어 맞아들인다. 우리는 지금 야누스의 문 앞에 서 있다.

더 읽을거리

- 레이시 볼드윈 스미스, 『바보들 순교자들 반역자들 1』, 김문호 옮김, 지호, 1998.
- 윌 버킹엄, 『타인이라는 가능성』, 김하현 옮김, 어크로스, 2022.
- 최종원, 『중세교회사 다시 읽기』, 홍성사, 2020.

제4부

항구도시

해양의 역사는 팽창과 정복 그리고 제국의 역사다. 반면에 항구는 조우의 역사를 품고 있다. 항구는 사람과 물자가 유입·하역되고 재분산되는 역사의 나들목이며, 수륙 교통의 결절점으로 타 문화가 이곳으로부터 내륙으로 전파된다. 그래서 항구는 전이(轉移) 지대로서 변화가 들어오는 문지방이기도 하다. 이런 까닭에 푸코가 말하는 감시의 기제들이 작동한다.

항구도시(port-city)는 문자 그대로 항구가 있는 도시다. 바다와 육지가 만나는 접점인 이곳은 항구의 혼돈과 도시의 질서가 만나는 '혼돈의 가장자리' 혹은 '질서의 가장자리'다. 이곳은 혼돈과 질서의 경계에 서서 서로를 인정하며 균형을 찾아가고 유지하는 곳이다. 안정된 혼돈계인 항구도시는 나름의 규칙성과 질서가 존재했다. 그래서 항구도시 쾨니히스베르크의 철학자 칸트는 공간 질서를 혼돈의 세계에서 질서의 세계로 재편하면서 환대의 윤리를 설파했다. 카오스에서 진화가 시작되는 순간이다.

해로를 통해 여러 바다를 넘나드는 해양의 관점에서 바라보는 역사에서 벗어나 바다와 육지가 만나는 항구의 관점에서 역사를 해석할 필요가 있다. 경계 연구자들은 선린과 교류의 접경 공간으로서 항구에 주목하기 시작했고, 역동적인 중간 지대인 항구도시가 갖는 항구성(港口性)은 역사 연구를 '정복의 역사' 패러다임에서 경계 짓기와 경계 넘기가 끊임없이 반복되는 '변화와 이행'의 역사로 전환시킨다.

제16장

바이킹 디아스포라

바이킹 선박, 중세의 초고속 열차

3세기 이후 게르만족의 이동과 마찬가지로 9세기부터 시작된 바이킹의 이주도 유럽 역사를 바꿔놓는 계기가 되었다. 주변부에 머물렀던 두 집단이 역사의 중심 무대로 진입했다는 점에서 유사한 점이 많지만 세부적으로 보면 차이점도 있다. 바이킹은 30명 정도를 수용하는 배로 움직였기 때문에 이주 속도가 비교할 수 없을 정도로 빨랐다. 도보로 이동하던 게르만족의 이주 거리는 하루에 40킬로미터 정도였다면 배를 이용한 바이킹은 이보다는 최소 4배는 더 멀리 갈 수 있었다. 바이킹 선박은 실로 중세판 초고속 열차라 할 수 있겠다. 돛을 달고 계절풍까지 활용하면서 이주는 더 신속하게 진행될 수 있었다.

노르웨이 오슬로에 전시되어 있는 중세 바이킹의 배. 길이 22미터, 너비와 높이가 5미터로 배의 양쪽에 각각 15개씩 모두 30개의 노 젓는 구멍이 나 있다.

이주의 규모와 목적에서도 차이가 있었다. 바이킹은 수십 혹은 수백 척의 배로 움직였기 때문에 1천 명에서 수천 명이 함께 활동했으나 게르만족은 이주 단위가 수십만 명 단위였기 때문에 그 규모도 훨씬 컸다. 목적도 달랐다. 게르만족이 로마제국 영토 내에 정주하는 것이 목적이었다면, 바이킹은 약탈, 교역, 식민지 개척 등 이주의 형태가 다양했다. 바이킹에 대한 서유럽의 사료들이 주로 바이킹의 약탈 대상이었던 교회와 수도원에서 작성되었기 때문에, 자연스럽게 바이킹들의 폭력 행위만 언급되었다. 대개 부족 단위로 움직이던 바이킹은 9세기 후반 잉글랜드의 앵글로색슨 왕국들을 침공할 때와 같이 강력한 상대에 맞설 때에는 여러 부족이 결속해서 1만 명에서 2만 명에 달하는 바이킹 대군Great Army을 형성해서 움직였다.

또 다른 차이는 정주를 목적으로 한 게르만족 이주와는 달리 바이킹은 획득한 재물을 고향으로 가져왔다. 그래서 바이킹의 인구가 대규모로 다른 지역으로 확산되거나 정착하는 경우는 많지 않았다. 이는 기동성 있는 병참과 물자이동과도 깊은 연관이 있었으며, 배로 진행된 바이킹의 디아스포라는 그 참여 규모와 범주가 제한적이었기 때문이다.

그러나 바이킹들은 영원한 방랑자는 아니었다. 이들은 해적 활동을 한 후에 고향으로 돌아가지 않고 점령한 지역에 정착하기도 했다. 그 대표적인 지역이 링컨, 더블린, 브르타뉴와 노르망디 등지였다. 링컨에 도착한 이들은 정복한 땅, 특히 교회가 소유했던 토지를 나누어 갖는 방식으로 정주를 시작했다. 게르만족 이주에서 볼 수 있었던 지배 집단의 교체가 진행되기도 했지만 바이킹들은 토지를 직접 경작했다. 그 결과 게르만족의 경우 원주민 로마인들의 언어인 라틴어와 지방 방언에 익숙해졌으나, 이와는 반대로 바이킹은 그들이 점령한 지역 곳곳에서 그들의 문화적 영향력을 키웠고 그 층위가 더 두터워졌다. 야만적이고 폭력적인 존재로 표현되는 바이킹은 뛰어난 조선술을 갖춘 전문화된 집단이자, 모험의 성공 가능성과 그 위험도를 꼼꼼하게 계산하고 행동으로 옮겼던 치밀한 전략가들이었다.

무엇보다도 바이킹 이주의 특징은 고향을 떠났어도 타지에서 오랫동안 자신의 규범과 관습을 유지하며 살아갔다는 사실이다. 유랑 생활을 해야만 했던 유대인 집단 혹은 그들의 거주지를 디

11세기에 아일랜드에서 제작된 지팡이. 주교나 수도원장이 종교 의식 때 드는 지팡이로, 뱀의 머리와 개 모양 장식은 바이킹 예술의 영향을 받았다. '바이킹 양식'의 이러한 지팡이들은 주로 아일랜드에서 제작되었다.

아스포라Diaspora라고 하는데, 이는 그리스어 전치사 'dia(~를 넘어서)'와 동사 'speiro(뿌리다)'에서 유래한 것으로 우리말로는 이산離散을 뜻한다. 이후 그 의미가 확장되어 본토를 떠나 타지에서 자신의 규범과 관습을 유지하며 살아가는 집단 또는 거주지를 가리킨다. 기후·정치·경제적 이유로 집단 이주와 정주를 했다는 점에서 바이킹의 역사는 디아스포라의 역사다.

이들은 정주를 통해서 기존의 경작민들과 어깨를 맞대고 살았다. 정복 전쟁이 끝나면 평민 전사들은 창 대신에 낫과 곡괭이를 들었다. 정착할 때는 원주민과 심각한 갈등을 겪거나 원주민을 대상으로 이른바 인종청소ethnic cleansing를 저지르기보다는 다른 문화적 배경을 가진 상대와 융화하고 공존하려는 스칸디나비아식 식민화Scandinavian colonization를 진행했다. 더블린, 리머릭, 워터퍼드 등 아일랜드 동부 해안가에 정착한 바이킹은 원주민들과의 교역을 통해서 스칸디나비아 양식의 물품들을 농촌 지역에까지 전파시켰다.

그 결과, 바이킹식 이름이 귀족과 농민 대중 사이에 지속적으로 차용되고 사용되었다. 존슨Johnson, 해리슨Harrison, 왓슨Watson, 깁슨Gibson, 스티븐슨Stevenson과 같이 이름에 '~son'을 붙이는 작명 방식은 바이킹에서 유래한 것이다. 특히 선주민들이 뒤늦게 정착한 이주민들과 "질박한 생활을 함께 보냈기 때문에(마르크 블로크, 『봉건사회』)" 잉글랜드와 노르망디의 하층민들은 스칸디나비아에서 기원한 이름들을 애용했다. 바이킹들이 정복했던 지역에서 스칸디나비아풍 이름의 촌락들이 세워진 것은 이들이 농민으로서 정주했음을 알려준다.

이 모두 타 문화에 대한 바이킹의 강한 적응력과 생존력이라 할 수 있겠다. 바이킹은 아이슬란드와 그린란드처럼 선주민이 없었던 무주지나 인구밀도가 낮았던 영국제도의 북단에서는 정복이 아닌 탈경계적인 집단 이주를 했다. 바이킹은 경계를 넘나들고 이편저편을 이으면서 경계 자체를 무화시켰던 것이다.

해양 노마드

바이킹들은 바다를 횡단하면서 약탈과 유랑 그리고 정주 등의 다양한 삶을 살았으나 이는 모두 환경의 압력 앞에 순응한 것일 뿐이다. 800년에 접어들면서 기후가 따뜻해지자 농사와 수렵이 잘되어 영양 섭취가 더 좋아지니 사망자가 줄고 인구가 크게 증가했다. 그러나 인구 급증으로 협소해진 토지 문제와 식량난에 직면하면서 바이킹들은 이를 해결하기 위해 외부로 나가 약탈자가 되거나 그곳에 정착하게 된 것이다.

원주민이 많이 살면서 상대적으로 안정적인 정치체제를 확립하고 있던 잉글랜드와 유럽 대륙에서는 1천여 명의 전사 집단 혹은 여러 무리가 결합한 수만 명의 바이킹들이 약탈과 정복 전쟁에 참여했다. 그러나 원주민이 적거나 없어서 저항이 예상되지 않았던 곳에서 바이킹들은 우두머리를 중심으로 한 경제적 이주를 진행했다. 이는 약탈이 아닌 생활 터전 마련과 정주를 위한 일종의 개척 행위였다.

부의 지역별 불균형과 편차는 이주를 촉발하는 주요한 원인이다. 인류 역사에서 재화가 지역적으로 고르게 분포되어 있지 않았기 때문에 이주와 정주는 지속적으로 이루어졌고, 이러한 경제적 불균형이 남아 있는 한 앞으로도 계속 그러할 것이다. 약탈과 교역, 이주와 정주는 형태는 다르지만 부를 획득하기 위한 경제행위로, 이는 바이킹 디아스포라를 부추겼다. 바이킹의 이주로 새로운 항로가 열리면서 유럽 전역에 대규모 교역이 본격화되었고, 교역의 확산은 1000년경 세계에서 가장 부유했던 이슬람 세계와의 조우로 이어졌다.

바이킹(왼쪽)과 슬라브족이 라도가 호수에서 만나는 장면. 20세기 초반 러시아 화가가 그린 그림으로 이들이 만나는 장면은 상당히 평화롭게 묘사되어 있다. 이들 사이에는 모피 등 물물교환에 사용된 물품들이 놓여 있다.

바이킹의 러시아와 중동 진출

북유럽 발트해에서 핀란드만으로 들어가 네바강을 이용하면 내륙의 라도가 호수로 연결된다. 옛 러시아의 수도였던 상트페테르부르크는 이 호수에서 발원하는 네바강이 서쪽의 발트해로 흘러들어가는 곳에 18세기에 건설되었다. 그러나 상트페테르부르크보다 천년 먼저 이 호수에 자리 잡은 도시는 스타라야라도가Staraya Ladoga로, 라도가 호수 남부에서 발원하는 볼호프 강가에 있다.

슬라브족이 거주하던 교역 중심지인 스타라야라도가에 9세기부터 바이킹들이 들어오면서 러시아는 정치·군사적으로 큰 변화를 경험한다. 이들은 강을 따라 계속 남하하면서 노브고로드를 건설했고 흑해 연안으로 흐르는 드네프르 강가인, 오늘날 우크라이나의 수도인 키이우에 정착하게 된다. 여러 곳에 유사한 방식으로 권력 중심지들이 형성되었다가 후대에 키이우의 주도하에 발트해부터 흑해에 이르는 키예프 루스 공국이 건설된다. 키예프 루스 공국은 오늘날 우크라이나·벨라루스·러시아 역사의 뿌리에 해당된다.

흑해와 카스피해에 진출한 바이킹은 당대 세계 최고의 국가였던 비잔티움제국과 이슬람 세계와 접하게 된다. 이들은 모피와 노예(주로 주변의 슬라브족)를 판매하고 대신에 비단과 사치품을 수입했다. 물품을 구매하기 위해서 이슬람 상인들이 지급한 은화는 바이킹이 러시아에 건설한 교역 도시 외에도 스칸디나비아에서 다량으로 발견된다. 바이킹의 이러한 교역 활동으로 서유럽과 동유럽을 연결하는 단일한 무역망이 형성되고 국지적인 세계화도 달성될 수 있었다. 11세기의 십자군 원정 시기에는 이들의 후손들이 시칠리아와 예루살렘에서 왕국을 건설하면서 유럽은 동서남북으로 하나의 통합된 모습을 보였다.

기후 변화로 인한 생태적 이주, 정세 불안정에 따른 내전 등의 정치적 이주, 식량 등 자원 배분과 부의 구조적 불균형이 낳은 경제적 이주 등 그 원인과 양상은 매우 다양했지만, 바이킹은 상이한 문화적 가치들이 경합하고 교섭하는 경계 지대의 번역자로서 이곳과 저곳의 경계를 허물었다. 반복적이고 지속적인 이주

스웨덴의 바이킹 무덤에서 발견된 9세기와 10세기경의 직물 조각. 최근 이 직물에서는 '알라'라고 쓴 고대 아라비아의 기하학적인 쿠픽 문자가 확인되었다.

와 정주는 또 다른 창조 행위다.

　바이킹 디아스포라의 대표적인 인물들은 1066년에 잉글랜드의 왕관을 놓고 전투를 벌였던 윌리엄 정복왕(1028경~1087)과 해럴드 2세(1022경~1066)일 것이다. 이들은 모두 바이킹의 후예였다. 프랑스 북서부의 해안가에 정착했던 바이킹족의 후손 윌리엄은 노르망디 공작으로서 1066년 전투를 승리로 이끌고 잉글랜드의 새로운 통치자가 되었다. 이렇게 해서 그는 '정복왕'이라는 격상된 호칭을 받았다. 북유럽의 변방에서 이주한 보잘것없는 종족이 프랑스와 잉글랜드를 아우르는 중심부의 통치 세력으로 상장한 것이다. 노르웨이의 왕이었던 해럴드 2세는 왕이 되기 전에 기나긴 추방과 망명과 유랑의 삶을 살았다. 비잔티움제국의 콘스탄티노플 궁정의 근위대장, 시칠리아 섬의 토벌에 투입된 군대 지휘관, 우크라이나 키예프 루스 공국 군주의 사위 등

해럴드 2세가 겪어온 유랑 생활은 진정한 바이킹의 디아스포라를 재현한다.

　중세의 초경계적 유랑자 바이킹은 유럽을 파괴하고 정복한 것이 아니라 통합했다. 이들은 우크라이나에서 그린란드에 이르기까지 장거리 항해와 교역 국제 무역의 활성화를 통해서 세계화를 더욱 앞당길 수 있었다. 하지만 이 세계화는 노예무역이라는 폭력성·잔인함·야만성이 뒤엉킨 복잡한 역사다. 세계화 시대에 바이킹의 디아스포라는 지구적 불균형을 지지대로 삼아 약육강식과 적자생존이 지배하는 냉혹한 중세 세계를 만들어냈다. 이는 오늘날의 세계화와 별반 다르지 않다.

더 읽을거리

- 발레리 한센, 『1000년: 세계가 처음 연결되었을 때』, 이순호 옮김, 민음사, 2022.
- 스티븐 애슈비·앨리슨 래너드, 『대담하고 역동적인 바이킹』, 김지선 옮김, 성안북스, 2020.
- 타임라이프 북스 엮음, 『바이킹의 역사: 고대 북유럽』, 이종인 옮김, 가람기획, 2004.

제17장

이주와 복수의 도시
칼리닌그라드/쾨니히스베르크

칸트의 고향 쾨니히스베르크

칼리닌그라드는 러시아의 영토이지만 러시아 국경에서 500킬로미터 넘게 뚝 떨어져 있는 월경지越境地로 발트해와 폴란드·리투아니아 사이에 갇혀 있는 고립된 '육지의 섬'과 같다. 면적은 충청남도와 충청북도를 합친 정도이고 인구는 100만 명인 이곳은 러시아의 가장 서쪽에 있는 ―그래서 러시아 입장에서는 서유럽과 직면하고 있는― 영토이자, 흑해 크림반도와 함께 유일하게 겨울에 얼지 않는 부동항이다. 칼리닌그라드는 이러한 지정학적 위치 못지않게 독특한 이주의 역사를 갖고 있다. 그 역사는 때로는 희망의 순간이었지만 때로는 무자비한 비극으로 아로새겨졌다.

발트해에 인접한 러시아의 역외 영토 칼리닌그라드. 러시아의 전략적 요충지이지만 인근 국가들이 모두 NATO에 가입하면서 사면초가의 위기에 처했다.

칼리닌그라드는 중세 시대에 독일인들이 이주해 개척했던 쾨니히스베르크로 불리던 곳으로, 제2차 세계대전의 승전국인 소련이 빼앗아 발트함대의 본거지로 삼았다. 그 결과, 700년 동안 이곳에서 살던 250만 명의 독일인들 중에서 50만 명은 전쟁과 '추방' 과정에서 사망했고, 나머지 200만 명은 고향을 등지고서 독일로 귀향 아닌 귀향을 해야만 했다. 18세기 '독일인' 철학자 칸트는 지금은 러시아의 땅이지만 한때는 독일의 영토였던 쾨니히스베르크에서 태어나 한평생을 살았다. 하지만 그가 살던 당시에 이곳은 독일도 러시아도 아닌 프로이센으로 불리던 곳이었다.

정복의 땅, 이주의 도시

본격적인 정복과 이주는 이교도였던 프로이센 원주민들을 상대로 선교와 '북방 십자군 전쟁'을 벌이면서 시작되었다. 1255년 독일기사단은 발트해 연안에 요새를 건설하고, 전쟁을 지원한 보헤미아 국왕 오타카르 2세(1233경~1278)를 기려 독일어로 '왕의 산'이라는 의미인 쾨니히스베르크라고 이름 지었다. 이 과정에서 프로이센 사람들은 쫓겨나거나 복속했고, 그 자리에 신성로마제국의 사람들과 폴란드인들이 대거 이주해와 정착했다. 겨울에도 그다지 춥지 않은 온화한 기후와 곡창지대였던 이곳은 14세기에 한자Hansa 무역동맹의 중심 도시로 번성했다. 이렇게 해서 발트해를 둘러싼 다양한 인종과 언어, 문화가 쾨니히스베르크 항구로 모여들었다.

16세기 종교개혁 시대에는 개신교의 거점으로 폴란드 등 인근 가톨릭 국가로부터 박해를 받던 신교도들의 피난처가 되었고, 경제적인 이유로 유대인들의 정착도 허락되었다. 유대인이자 20세기 대표적인 정치철학자인 한나 아렌트도 유년기와 청소년기를 칸트의 고향인 쾨니히스베르크에서 보냈다. 그녀는 '고향 선배'인 칸트의 패러다임에 크게 의존했고, 칸트는 아렌트 정치사상의 지렛대였다. 쾨니히스베르크의 항구성이 그곳을 다양한 사람과 지식 그리고 정보가 만나는 접경지대로 만들었던 것이다. 세계에서 두 번째로 개신교 대학인 '쾨니히스베르크의 알베르투스 대학Albertus-Universität Königsberg'이 새로 설

1903년의 유화 그림으로, 1236년에 신성로마제국의 황제 프리드리히 2세가 프로이센으로 출정하는 독일기사단을 배웅하고 있다.

립되는(1544) 교육의 중심지이자 인쇄업의 중심지로서 독일어, 폴란드어, 리투아니아어로 개신교 서적들을 출간하여 동유럽 개신교 전파에 기여했다. 접경성은 바로 힘이고 창조의 근원이다.

철학자의 길

칸트는 쾨니히스베르크에서 태어나 평생을 살았다. 고향을 떠나 세상 밖으로 나가본 적이 없다. 프로이센의 다른 지역 대학교에서 교수직을 제안해왔을 때도 마다하고 고향에 머물렀다. 18세기 지식인들 사이에서 여행은 지적 순례이자 관행이었기에 칸트의 이러한 생활 습관은 예외적인 것이었다. 그렇다면 박학다식했던 칸트의 '세계지Weltkenntnis'는 어떻게 형성되었을까? 그는 대학에서 평생 자연지리학과 인류학을 강의하고 「다양한 인종에 대하여」(1775)와 같은 글들을 썼다. 인도인, 아메리카 인디언과 아프리카 흑인들에 대한 실용적인 지식은 스웨덴의 식물학자 칼 폰 린네, 프랑스의 철학자 조르주루이 르클레르(뷔퐁 백작), 프랑스의 수학자 피에르 루이 모페르튀의 저작들을 통해서 습득했다.

엄청난 독서광이었던 칸트는 주로 유럽인들의 여행기를 읽었고, 프랑스의 법률가 몽테스키외, 잉글랜드의 정치사상가 존 로크 혹은 식물학자 칼 폰 린네와 스코틀랜드의 계몽주의 사상가 데이비드 흄과 같은 사람의 저작을 통해 세계를 이해했다. 칸트의 인종 이론은 18세기 여행 정보에 기록된 부풀려진 내용들에 대한 고찰이었다. 그는 여행을 하기보다는 기행문을 읽는 걸 더 선호했다. 그의 또 다른 지식의 원천은 쾨니히스베르크의 사교 모임이었다. '학문 활동은 생활의 절반만을 차지했고 나머지 절반은 사회 활동으로 채워졌다'고 할 정도로 그는 매우 사교적인 인물이었다. 사교 모임, 담론과 우호적인 토론 참여를 적극적으

로버트 머더비(왼쪽부터 네 번째) 등 쾨니히스베르크 동료들과 모임을 하고 있는 칸트(왼쪽에서 두 번째). 머더비는 칸트와의 우정을 기념하기 위해서 자신과 칸트의 이름을 새긴 샴페인 잔을 특별히 제작하기도 했다.

로 권장하면서, 사교를 멀리하는 사람은 "인간혐오적이며 거칠게" 된다고 했다.

쾨니히스베르크는 발트해의 국제적인 항구도시로 유럽 각지에서 사람들이 모여들었다. 칸트의 절친 중의 한 명인 로버트 머더비는 잉글랜드 출신의 부유한 상인으로 칸트는 그의 저택에서 열린 사교 모임의 멤버였다. '계몽의 세기'였던 당시의 대상인들은 지적 관심과 과시적인 이유로 수백 권에서 1천 권 이상의 도서를 보유하곤 했다. 상업 관련 서적 외에도 법학·신학·문학·역사·철학과, 키케로·오비디우스 등 고전 작가들의 작품, 뷔퐁을 비롯한 과학 책이 서가를 채웠다. 제임스 쿡 선장의 『항해기』, 조너선 스위프트의 『걸리버 여행기』도 소장 목록에서 빠지지 않는 인기 도서였다. 한곳에만 평생 머물렀던 학자 칸트에게 사교 모임은 다양한 형태로 지식을 접할 수 있는 좋은 기회였다.

칸트가 매일 걸었던 산책로는 도시 생활을 경험할 수 있는 길이었다. 행정 중심지인 쾨니히스베르크 성부터 선원들이 있는 항구까지 걸어가면서 그는 여러 부류의 사람들을 만났다. 그는 산책을 통해 다양한 사회 계층의 사람들을 접촉하고 이들과 함께 근처의 서민적인 식당에서 점심 식사를 하면서 이야기를 나누었을 것이다. 이렇게 해서 칸트는 대서양 무역을 통해서 아메리카에서 수입된 커피와 담배만 즐겼던 것이 아니고, 항구도시 쾨니히스베르크로 유입되는 세계에 대한 지식과 정보도 적극적으로 받아들였다. 그는 평생 고향을 떠나지 않았지만 문을 두드리는 타인을 환대해줄 준비가 되어 있었다. 이렇게 해서 그는 집 안에서도 집 밖의 소식을 들을 수 있었다.

항구의 문지방

육지는 가로막지만 바다는 잇는다. 칸트가 산책했던 쾨니히스베르크의 항구는 세계의 문물이 유입되던 접경지대였다. 이곳에서 사람들은 환대를 받았다. 그래서 칸트는 '환대의 권리'를 말한 바 있다. "사람들은 지표면 위에 무한정하게 산재해 있을 수 없으며, 따라서 결국 다른 사람의 출현을 받아들이지 않을 수 없기 때문에 모든 사람들은 환대의 권리를 가진다." 이는 바꾸어 말하면 인간은 누구나 자기 땅에 들어온 외국인을 환대할 의무가 있다는 것이다. 정치는 이러한 인간의 권리에 무릎을 꿇어야한다는 말이다.

항구는 선린과 교류의 공간이다. 쾨니히스베르크는 경계 짓기와 경계 넘기가 끊임없이 반복되었지만 독일인, 폴란드인, 리투아니아인들의 역동적인 삶터였다. 한자동맹의 선박들, 스코틀랜드와 잉글랜드의 상인들은 상품과 정보를 가져왔고 유럽과 세계 곳곳의 온갖 정보와 소식들은 칸트의 세계관을 형성하는 데 기여했다. 항구도시는 문지방과 같은 경계 공간으로, 넘어갈 때는 어정쩡하고 불확실한 상태에 머무르지만 서로 다른 세계들이 만나고 새로운 세상으로 넘어가는 공간이기도 하다. 그래서 물리적 공간인 항구도시는 전이 혹은 이행 의례rites of transition를 경험하는 정신적 변화의 공간이기도 하다. 이러한 이유로 발터 벤야민은 문지방을 "변화와 이행의 영역"이요 "역동적인 중간 지대"로 불렀다.

칸트는 배타적이고 자국이기주의에 기초한 민족주의의 망상Nationalwahn을 일축하고 대신에 열린 세계시민적 애국주의를 말한다. 그는 타민족을 향해 개방적 지향성을 추구하는 열린 민족주의를 강조하면서 국가들 간의 평화로운 공존의 길을 찾아야 함을 역설한다. 항구도시라는 쾨니히스베르크의 경계성·개방성·통로성이 칸트의 세계시민사회에 대한 이론을 정립 가능하게 했던 것이었다.

루마니아 출신의 종교학자 미르체아 엘리아데(1907~1986)는 그의 저서『성과 속』에서 문지방을 "두 세계를 구분하고 분리하는 한계이자 경계선이고 국경인 동시에 그러한 세계들이 서로 만나고 소통하는 역설적인 장소"라고 말한다. 문지방과 문은 한 공간에서 다른 공간으로의 이행의 장소이자 상징이며 매개자이고, '공간 연속성의 단절'을 보여준다. 즉, 속세에서 성스러운 세계로 이행하는 신비한 공간이라는 의미다. 그래서 세계 곳곳에서 집의 문지방을 넘어갈 때에는 다양한 의례가 행해진다.

그 방식은 경건한 몸과 마음으로 문지방을 향하여 절을 하거나 엎드리거나 손을 대는 등 여러 가지가 있다. 사람들은 문지방에는 외적의 침입이 있을 뿐 아니라 악마나 페스트와 같은 질병을 가져오는 힘의 침입을 방지하는 수호신 혹은 수호령이 거주한다고 믿었다. 그래서 문지방 위에서 수호신에게 공물을 바치는 경우도 있다. 항구도시는 수렴과 확산의 접경지이자, 낯설고 두려운 것이 조심스럽게 검역되고 통관되는 정화의 장소이기도 하다.

쾨니히스베르크에서 칼리닌그라드로

독일 영토였던 쾨니히스베르크는 1945년 제2차 세계대전이 끝나고 소련으로 넘어갔다. 소련은 1946년 세상을 떠난 소련의 정치가 미하일 칼리닌의 이름에서 따서 쾨니히스베르크를 칼리닌그라드로 개칭하고 이곳을 새로운 소비에트 도시로 건설하고자 했다. 이 과정에서 프로이센 군국주의의 중심지였던 쾨니히스베르크의 역사와 유산은 철저하게 부정되고 청산되어야 했다. 독일 군국주의와 파시즘의 과거를 지우고 소비에트식으로 도시 경관을 개편하기 위해, 프로이센 건축물의 특징인 붉은 벽돌로 만들어진 옛 독일기사단의 성과 건물, 기념비들은 파괴되거나 방치되어 폐허가 되어 사라져버렸다.

파괴된 옛 성터에는 사회주의의 랜드마크인 120미터 높이의 '소비에트 전당' 건설이 추진되었다. 도시의 거리 이름도 러시아 분위기가 나는 이름으로 바뀌었고, 도심 한복판의 카이저 빌헬름 광장이나 아돌프 히틀러 광장과 같은 프로이센과 나치식 명칭들은 각각 자유광장, 승리광장으로 이름이 바뀌었다. 이곳에 있던 빌헬름 황제와 비스마르크의 동상들은 이후 어디론가 자취를 감춰버렸다. 독일인들이 추방되고, 소련 본토 곳곳에서 강제 이주가 진행되기도 했다. 그러나 소비에트 도시 칼리닌그라드 개발 프로젝트는 소기의 목적을 달성하지 못했다. 전후 복구 사업과 경제 회복이 우선시되면서, '소비에트 전당'도 1990년에 건설이 중단되고 방치되어 도시 경관을 해치는 흉물이 되어버렸다.

최근에는 쾨니히스베르크 시절의 유서 깊은 건축물들이 새롭게 보수되고 쾨니히스베르크 성당 옆에 있는 칸트의 묘지도 잘 관리된다고 한다. 항구의 옛 거리들 역시 깨끗하게 정비되면서 과거의 활기찬 모습이 많이 회복된 듯하다. 쾨니히스베르크–칼리닌그라드는 발트해 선주민 프로이센, 독일기사단, 폴란드와 리투아니아의 종교적 난민들, 유대인, 잉글랜드 상인들, 브란덴부르크-프로이센제국, 히틀러 제국, 소비에트연방의 중층적이고 다면적인 역사가 섞여 있는 곳이다. 러시아의 우크라이나 침공으로 동유럽과 발트해의 긴장감이 한층 고조되었지만, 칼리닌그라드가 평화로운 접경 도시로서 옛 모습을 되찾았으면 하는 바람이 간절하다.

더 읽을거리

- 동북아역사재단 엮음, 『엇갈린 국경, 길 잃은 민족들: 러시아와 동유럽의 사례』, 동북아역사재단, 2009.
- 서진석, 『발트3국 여행 완벽 가이드북: 에스토니아, 라트비아, 리투아니아』, 카멜북스, 2019.
- 임마누엘 칸트, 『영구 평화론』, 박환덕 · 박열 옮김, 범우사, 2015.

제18장

발트해 오디세이

역사를 바꾼 이주

유럽의 남과 북에는 지중해와 발트해라는 내해가 있다. 이들
은 호수와 같아 보이지만 육지로 둘러싸여 있고 좁은 해협으로
다른 바다와 연결된 바다다. 규모나 모양새에 있어서 대서양이
나 인도양 등의 대양과 비교해보면 '갇힌 바다' 정도로 보일 수
있지만, 지중해와 발트해는 수많은 땅과 사람들을 아우르면서
보듬고 키워준 '유럽의 어머니' 같은 존재다.

북유럽의 발트해는 지리적으로 스웨덴·덴마크·독일·폴란
드·러시아·핀란드 등에 빙 둘러싸여 있다. 해협을 통해 북해,
대서양과 연결되어 있고 교역을 통해서 대서양 너머 아메리카
대륙과도 밀접한 관련을 맺고 있다. 그래서 처음으로 대서양을

횡단해 아메리카 대륙에 도달한 사람이 바이킹이라는 주장도 제기된다. 2022년 러시아의 우크라이나 침공 이후, 중립 노선을 지키던 스웨덴과 핀란드가 NATO 가입을 신청하면서 러시아를 제외한 발트해 연안 8국 모두가 NATO 회원국이 되어 'NATO의 내해'로 변해가는 모양새다. 이러한 지정학적 변화로 인해서 발트해 지역은 서방 대 러시아의 경계가 생기고 '신'냉전 상태로 치닫는 듯하다.

역사적으로 발트해는 다양한 인종과 전통이 공존했던 문화유산의 보고이자 문명을 실어 나르는 해상 고속도로였다. 로마제국의 경계를 넘어 이주했던 게르만족도 본래 발트해 연안에 거주했다. 그래서 로마 제정 초기의 역사가 타키투스는 게르만족의 분파인 수에비족이 살았던 지역이라는 의미에서 발트해를 '수에비인들의 바다Mare Suebicum'라고 부르기도 했다. 이곳에 살던 게르만족들은 '발트해의 보석'이라 불리던 호박琥珀(Amber), 철, 인력(용병과 노예)을 로마인들에게 공급하면서 발트해로부터 로마제국으로 이주할 수 있는 기회를 얻는다.

저개발 지역에서 시작된 게르만족의 이주는 선진국 로마제국이 추구했던 정치권력과 상품 시장의 확대라는 세계화 전략의 큰 테두리 안에서 그 원인을 찾아야 할 것이다. '인류의 어머니'로 불릴 정도로 발트해 연안의 인구가 지속적으로 늘어나면서 게르만족은 이미 기원전부터 서서히 남하를 시작했고 발트해에서부터 흑해에 이르는 지역에 분포해 있었다. 로마제국은 국경지대에 살고 있는 친로마적 게르만족에게는 다양한 물질적 혜택과 교역 특권 그리고 선택적 이주를 허락했는데, 이는 게르만 세계에 부의 불평등을 크게 확대시켰다. 불평등의 심화는 더 나은 삶의 조건을 찾아나서는 이주를 재촉했고, 그로 인해 국경 지대의 정세는 갈수록 불안해졌다.

하지만 게르만족의 남하는 발트해와 지중해 교역권을 연결하는 효과도 있었다. 이후에 이들은 중앙아시아에서 서진하던 이주민 집단인 훈족의 압박을 받고 새로운 터전을 찾아 로마제국 영토로 대규모 이주를 했다. 발트해 출신의 이주민이었던 고트족이 또 다른 이주민 세력인 훈족에 떠밀려 쫓겨나듯이 강제 이주하게 된 것이다. '게르만족의 대이동'과 '로마제국의 멸망'은 장기적이고 점진적인 남하 이주의 결과였다.

유럽의 탄생

중세 발트해의 초경계적 디아스포라는 바이킹들이 대표적이다. 발트해의 양쪽 끝자락에 위치한 잉글랜드와 러시아, 유럽 대륙과 지중해로의 정복과 이주 그리고 귀환의 역동적 삶은 유럽의 경제적 교류 활성화에 기여했다. 이들의 이주는 동서로는 대서양에서 발트해를 거쳐 러시아 서부의 볼가강까지 그리고 남북으로는 발트해에서 지중해까지 사회·교역·정보 네트워크를 형성했다.

바이킹 디아스포라는 서양 중세 봉건사회의 분열되고 파편화되었던 세계를 하나로 연결하는 원동력이었다. 1000년경 유럽의 역사는 처음으로 통합을 경험한다. 게르만족 이동이 동서 유럽을 통합했다면, 바이킹 디아스포라는 남북으로 유럽을 이었다. 놀라운 사실은 유럽의 대통합은 중심이 아닌 주변에서부터 시작되었고, 중심과 주변의 경계 허물기는 게르만족과 바이킹이라는 주변부 이주민들의 공적이라는 점이다. 중심에 있던 고대 로마제국과 중세 카롤링거 왕조는 중심의 두터운 외피인 제국의 경계를 공고히 하려는 구심력을 발휘했을 뿐이고, 주변의 세력들은 경계를 넘나들면서 이를 무화시켰다. 이렇게 해서 게르만적 서유럽과 엘베강에서 볼가강에 이르는 슬라브적 유럽이 연결된 새로운 '통합' 유럽이 탄생했다.

한자동맹

발트해는 천혜의 지리적 이점을 가졌다. 바다와 내륙 수로가 맞닿은 하구에 있는 도시들은 해상 무역과 내륙 수로 운송을 이어주면서 교역품을 대륙 깊숙한 지역에까지 유통시켰다. 한자동맹은 북해와 발트해 연안, 그 배후지의 도시들이 연합해서 구축한 결사체였다. 비록 바이킹의 시대는 끝났지만 이들이 창출한 국제적인 연결망과 경계를 넘나드는 역사적 경험 모두 소중한 자산이 되었다. 100여 도시의 상관商館을 연계해서 실핏줄 같은 촘촘한 지역 경제권을 개척한 한자동맹이 17세기 중반까지 6세기 이상 존속할 수 있었던 것은 상인들의 수평적 네트워크뿐만 아니라 초경계적 연대 의식과 지역 협력을 활용했기 때문이다.

한자동맹은 발트해의 지리적 입지를 최대한 활용하면서 바이킹의 유산을 더욱 발전시켰다. 바닥이 둥근 코그선Cog이라는 새로운 유형의 선박을 개발해서 바이킹의 배보다 더 안정적으로 더 많은 화물을 운반할 수 있었다.

한자동맹의 대표적인 교역품 중의 하나는 포도주다. 포도는 고대 로마제국 시대부터 재배되었지만 중세 교회에서 포도주를 성찬용으로 사용하면서 포도 재배 지역은 지중해에서 헝가리와 폴란드에 이르는 전 유럽으로 확산되었다. 포도를 재배하는 마을의 수도 급증했고 그 생산량도 엄청났다. 프랑스 파리의 센강에 위치한 생제르맹데프레 수도원은 1년에 60만 리터 이상의 포도주를 자체 소비와 판매를 위해 소유했었고 소작농들에게도 70만 리터를 주었다고 한다. 수요가 크게 증가하면서 독일 중부의 마인츠 지역에서는 밀 경작 대신에 포도 재배를 권장했을 정도였다.

11세기 이후 유럽의 인구가 점점 증가하자 포도주 생산 관련 사업은 큰 호황을 누렸다. 북유럽 발트해 지역이 그리스도교로 개종되고 상호 교역이 증가하면서 한자동맹은 남쪽으로부터 질 좋은 포도주와 플랑드르 직물을 구매해서 재수출하기 시작했다. 한자동맹은 유럽의 남북을 연계하는 중개 무역으로 경계를 초월하는 무역 질서 기반을 구축해나갔다. 1590년경 이탈리아반도에 흉작이 들자 폴란드 곡창지대로부터 곡물을 수입하는 것이 절실

벽돌 고딕 양식으로 지어진 쾨니히스베르크 성당. 북부 독일, 네덜란드, 발트해 연안에서 인기를 끌었던 이러한 건축양식의 전파는 발트해의 문화적 동질성을 체감케 한다.

해졌다. 그러자 단치히, 뤼베크, 함부르크, 엠덴 등 한자동맹 도시에서 출발한 수십 척의 선박들이 지중해로 발트해의 밀을 수송했다. 지중해 역사 연구의 권위자인 페르낭 브로델에 의하면 1593년에는 이탈리아 서해안의 리보르노 항구에 총 1만 5천 톤

이상의 호밀과 밀을 운송했다고 하는데, 이 수치는 범선들이 대략 평균 200톤을 수송했음을 의미한다.

한자동맹은 물자만 운송한 것이 아니라 사람들도 옮겼다. 한자동맹에서 중추적인 역할을 했던 독일인들은 발트해 곳곳으로 이향 길에 올랐다. 일부는 단기간 동안이었지만 일부는 평생을 새로운 땅에서 생활해야 했기에, 자신의 정체성을 추슬러 다른 정체성을 찾아갔다. 당시의 유언장들을 보면 이향민들은 죽는 순간까지 떠나온 고향을 그리워했다고 한다. 하지만 현실적으로 귀향은 실현 불가능했다. 고향으로 돌아가는 오디세우스의 여정을 봐도 숱한 역경과 고초로 이어져 있다. 발트해 연안의 몇몇 도시에서는 이주자가 소수에 불과했지만 칸트의 고향 쾨니히스베르크는 독일인의 도시로 성장했다. 일상적인 식기뿐 아니라 주로 벽돌을 건축 재료로 사용하는 건축양식인 '벽돌 고딕 Backsteingotik' 등 서유럽-독일 북부의 문물이 생활 곳곳에 스며들면서 발트해에 공통의 가치와 정체성이 번졌다.

이주민 칸트

칸트의 어머니는 쾨니히스베르크에서 태어났지만 칸트의 외조부는 독일 남동부의 상업도시 뉘른베르크 출신이었다. 어린 나이에 1천 킬로미터 이상 떨어진 낯선 곳으로 일자리를 찾아온 이주 노동자였던 것이다. 이는 직공들이 장인이 되기 전까지 타지에서 생활하는 '편력 시대(「에필로그: 이주가 만들어낸 서양 중세사」 참조)'라는 당시의 상황에서 일반적이었다. 누구나 이주자가 될 수 있던 시대였다. 칸트의 외조부는 새로운 고향 쾨니히스베르크에 정착하고는 1696년 결혼과 동시에 마구 장인Riemermeister으로 일했다.

칸트의 아버지는 오늘날 발트해 연안의 리투아니아에 있는 항구도시 클라이페다(독일어로는 메멜) 출신이다. 비록 뉘른베르크보다는 가까웠지만 그 역시 타지에서 온 이주민이었다. 따라서 칸트는 원래 있던 곳을 떠나 국경을 넘어 이동한 이주민 3세였다. 칸트는 스웨덴의 주교에게 보낸 한 서신에서 자신의 친할아버지가 스코틀랜드 이민자 출신이라고 했다. 스코틀랜드 사람들이 어떤 이유로 프로이센 지역으로 "집단 이주in grossen Haufen emigrierten"를 했는지는 알 수 없지만, 그의 친조부도 심프슨 Simpson, 맥클린Maclean, 더글러스Douglas, 해밀턴Hamilton이라는 이름을 가진 사람들과 함께 메멜에 정착했다는 것이다. 칸트는 스스로를 이주민의 후손으로 생각했던 것이다.

하지만 칸트의 시대는 코스모폴리탄적 한자동맹을 대신해 스웨덴, 덴마크, 러시아 등 민족국가들이 대두하던 때였다. 발트해의 주변국에 불과했던 러시아는 강대국으로 성장하고자 군사력 강화에 힘썼다. 제정러시아의 첫 공식 차르인 이반 4세(1530~1584)는 서유럽으로부터 구리, 아연, 철, 대포, 화약 제조를 위한 초석, 갑옷, 투구 등을 수입했고, 러시아의 풍부한 산림 자원을 수출하기 위해 서유럽과의 무역 확대를 원했다. 그러나 러시아의 발트해 진출을 우려했던 스웨덴은 무기 생산을 위한 금속 판매를 금지하는 대러시아 제재 조치를 취했고, 전쟁도 불사했다.

리보니아 전쟁(1558~1583), 러시아-스웨덴 전쟁(1590~1595)으로 러시아는 발트해로부터 배제되었다. 이반 4세는 발트해가 아닌 스칸디나비아반도를 지나 백해로 우회하는 북극 항로를 통해서 항구도시 아르한겔스크로 서유럽 무역상들을 유치할 수밖에 없었다. 러시아의 발트해 직항로 개척은 표트르 대제(1672~1725)가 스웨덴과의 대북방전쟁(1700~1721)에서 승리하면서 가능해졌다. 대북방전쟁 중에 그는 '페르시아와 중국을 포함한 세계의 상품들이 앞으로 이곳 선착장에 도착하도록' 대외무역항 페테르부르크를 건설한다.

이반 4세-표트르 대제-푸틴

푸틴에게는 '21세기 차르'라는 꼬리표가 따라다닌다. 실제로 표트르 대제는 푸틴의 롤 모델로 그의 집무실에는 표트르 대제의 초상화가 걸려 있다고 한다. 표트르 대제는 부국강병과 영토 팽창으로, 낙후되어 있던 러시아의 부흥을 이끌었던 인물로 칭송된다. 러시아가 19세기에 발트해의 또 다른 끝자락에 있는 영국과 함께 강대국 반열에 오르는 기틀을 닦은 인물로 표트르 대제를 들기 때문이다. 일반적으로 폭군으로 불리는 이반 4세도 푸틴의 등장과 함께 새롭게 조명되었다. 2016년에 러시아에서 이

러시아의 오룔에 2016년 세워진 이반 4세의 동상. 이반 4세에 대해 학계에서는 공포정치의 극단을 보여주었던 폭군 혹은 진보적인 정치를 실현했던 현군이라는 상반된 평가를 하고 있다.

반 4세의 동상 제막식이 있었다. 그의 조각상은 이때 처음으로 세워진 것이라 한다. 러시아는 이반 4세를 주변 국가와의 전쟁을 통해 영토를 넓히고 근대 러시아의 기초를 다졌던 강력한 지도자로 재평가하고 있다.

　푸틴에 대해 러시아 사람들은 이반 4세와 표트르 대제의 부활이라고 말한다. 역사가 월터 라퀴가 그의 저서 『푸티니즘Putinism』에서 강조했듯이, 러시아는 서구공포증Zapadophobia이라는 역사적 콤플렉스를 가지고 있다. 러시아의 발트해 진출은 스웨덴의 반발과 전쟁을 초래했다. 내륙으로도 러시아는 서유럽과 평원 지대로 연결되어 있어서, 19세기와 20세기에 각각 나폴레옹과 히틀러의 침략을 당해 '지리적 저주'를 경험한 바 있다. 그래서 러시아는 국가와 안보 이익을 위해서는 '공격이 최선의 방어'인

정책을 택하게 된다.

푸틴이 추앙하는 이반 4세와 표트르 대제는 모두 발트해와 깊은 관련이 있다. 발트해 진입을 위해서 전쟁을 한 것이다. 전쟁에서 패한 이반 4세는 그 대안으로 북해 항로를 개척했고, 표트르 대제는 20년간의 전쟁 끝에 발트해로 진출할 수 있었다. 국가 안보를 이유로 2022년 2월 우크라이나를 침공한 푸틴은 중립국 핀란드와 스웨덴이 중립 노선을 포기하고 NATO 가입 신청을 공식화하면서 깊은 수렁에 빠져들었다.

러시아와 1,300킬로미터 넘게 국경을 맞대고 있는 핀란드 그리고 러시아 해군의 북해와 대서양 진출을 차단할 수 있는 스웨덴이 적으로 돌아서면, 러시아는 NATO 울타리에 갇히는 사면초가가 될 것이다. 발트해는 역사적으로 '개방과 폐쇄, 포용과 배제, 공포와 갈망 사이의 아슬아슬한 균형'을 유지하면서도 어머니가 아이를 너그럽게 감싸는 듯한 포용包容의 바다다. 폭력의 시대에 타자를 포용하고 환대하는 초국경적 코스모폴리타니즘의 귀환을 기다린다.

더 읽을거리

■ 김융희 외, 『발트해: 바이킹의 바다, 북유럽의 숨겨진 보석』, 바다위의정원, 2017.
■ 데이비드 커비, 『발트해와 북해』, 정문수 옮김, 선인, 2017.
■ 한스외르크 길로멘, 『서양 중세 경제사』, 김병용 옮김, 에코리브르, 2017.

제19장

항구의 시각으로 본 역사

1989년 베를린 장벽의 붕괴와 더불어 시작된 탈냉전 이후의 세계화는 국가 간의 국경을 허물고 '국경 없는 세계borderless world'를 만들 것으로 기대하게 했다. 그러나 현실은 다른 방향으로 전개되는 듯싶다. 국경의 장벽은 오히려 세계 곳곳에서 경쟁적으로 세워지고 있기 때문이다. 독일에서는 베를린 장벽이 허물어졌으나 그 이후 유럽 국가들은 북아프리카와 중동에서 몰려오는 난민을 막기 위해서 베를린 장벽의 6배가 넘는 약 1천 킬로미터의 장벽을 새롭게 건설했다. 미국도 멕시코와의 국경을 높이 9미터의 강철 벽으로 올리면서 이에 '철의 장막 작전'이라는 명칭을 붙였다고 하니, 역사는 과거로 회귀하고 있는 듯하다.

하지만 미국과 유럽의 국가들도 이주를 장려하고 힘으로 강제하던 시대가 있었다. 부족한 노동력 확보를 위한 노동자 이주 장려책, 심지어 납치, 인신매매, 노예무역, 강제 노동까지 동원되었다. 이주는 서양 역사에 사회와 문화적으로 긍정적인 변화를 가져왔다. 하지만 이주의 역사는 지우고 싶지만 기억해야만 하는 어두운 과거사이기도 하다.

개척

콜럼버스는 1492년 여름 에스파냐 남부의 팔로스 항을 떠났다. 대서양을 넘으려는 그의 출항은 유럽이라는 문턱을 넘어서 미지의 세계가 열리는 또 다른 문턱을 향한 경계 횡단이었다. 그는 산타마리아호와 다른 두 척의 배를 이끌고 항해를 하던 중 대서양 건너편 카리브해의 산토도밍고 해안가에 도착했다. 유럽과 신대륙을 잇는 이른바 '신항로'를 개척한 것이다. 이후 유럽에서의 연쇄 이주가 시작되었다. 북아메리카에는 잉글랜드와 프랑스, 에스파냐가 주도적으로 식민지를 형성했다. 잉글랜드는 17세기부터 사업 차원에서 조직적으로 북아메리카를 식민지로 개척하는 데 앞장섰다.

식민지 이주자들은 말, 양, 염소, 가금류 등의 가축과 종자를 가지고 갔다. 유럽 문화를 이식하고자 했던 것이다. 동시에 유럽인들은 신대륙에 홍역과 천연두 등의 끔찍한 감염병도 전파시켰다. 특히 전염성이 강하고 치사율이 높았던 천연두는 아메리카 대륙 전역에 광범위하고 빠르게 확산되면서 이 질병에 대한 면

영화 「1492 콜럼버스」의 한 장면으로 산타마리아호와 니냐호, 핀타호, 세 척의 배 모두 대서양을 횡단하기에는 너무 작았으나 금과 향신료를 찾으려는 콜럼버스의 야망을 꺾을 수는 없었다.

역력이 없던 원주민들을 '학살'했다. 아메리카 원주민들에게 면역력이 없었던 그 외의 감염병들도 아메리카 대륙에 도착하여 원주민들을 초토화한 뒤 식민화의 길을 터주었다.

1492년 이후 대서양을 사이에 두고 진행된 식물과 동물, 사람과 문화의 대대적인 횡단적 교환을 '콜럼버스의 교환'이라 한다. 아메리카 대륙에서 감자, 옥수수와 같은 식물도 이동했지만, 반대 방향으로 세균도 옮겨간 것이다. 콜럼버스가 처음 도착한 히스파니올라 섬은 오늘날 아이티와 도미니카공화국이 있는 곳으로 당시 히스파니올라 섬의 인구는 50만 명 이상으로 추산된다.

그러나 홍역과 천연두에 감염된 원주민들은 불과 30년 만에 1만 5천 명으로 줄어들었다. 누구를 위한 개척이었나?

이주

반면에 유럽에서는 16세기부터 경제 발전으로 인구가 증가했다. 잉글랜드는 수익성을 확보할 수 있는 양모업의 확대를 위해 토지에 인클로저Enclosure(울타리 치기)를 추진했다. 그러자 농경지가 축소되어 실업자나 빈민이 된 농민들은 생계를 위해 이주를 결단해야만 했다. 농민들 중 일부는 식민지로 원거리 이주를 감행했다. 하지만 사람들이 기대했던 황금과 향신료가 생각보다 적었기 때문에 신대륙을 새로운 방법으로 활용하는 방안이 모색되었다. 기후에 적합한 사탕수수, 면화, 담배, 커피를 생산하는 플랜테이션이 개발되었고, 유럽에서 계약 노동자들indentured servants이 이주를 하게 된다. 이는 글자 그대로 영국의 하인servant 제도에서 유래한다. 플랜테이션 계약 노동자들은, 사회학자 라셀 살라자르 파레냐스의 개념을 차용하면, '세계화의 하인들servants of globalization'이었다.

초기 식민 이주는 잉글랜드의 식민지 개발 회사인 런던 버지니아 회사the Virginia Company of London가 주도했다. 부족한 노동력을 보충하기 위해 자국민을 해외로 집단 정착 이주를 시키는 노동력 수출이 시작되었다. 1606년에 105명의 이주자들을 태운 배

메이플라워호. 1910년대에 제작된 엽서의 그림. 102명의 남녀 이민자들은 이 배를 타고 북아메리카 대륙의 매사추세츠주 플리머스에 도착했다. 이들은 도착 직후 배에서 겨울을 보냈는데 절반 정도는 봄이 되기도 전에 추위와 병으로 숨지고 말았다.

세 척이 북아메리카 버지니아에 도착하여 제임스타운 정착지를 건설한다. 이들은 뱃삯과 음식, 신변 보호를 받는 대신에 통상 4년에서 7년의 의무 노동을 해야 했다. 계약 기간이 종료되면 이주민들은 자신의 땅 최소 50에이커(20만여 제곱미터) 이상을 소유하는 자영농으로 정주할 수 있었으므로, 젊은 남성 유럽인의 이주가 장려되었다. 이렇게 해서 유럽과 아메리카의 대서양 횡단을 아우르는 초국가적 이주 네트워크가 등장하게 된다.

초기 이주 잉글랜드인들 중에는 런던 버지니아 회사 소속으로 식민지에 발을 디딘 노동자들 외에 종교 문제로 들어온 경우도 있었다. 1620년 11월 11일에 메이플라워호를 타고 매사추세츠주 플리머스에 정착한 102명의 이주민들은 청교도들로, 이들은 종교적 탄압을 피해 신대륙으로 이주를 선택할 수밖에 없었던 사람들이었다.

1630~1640년대에 이르면 잉글랜드에서는 절대왕정을 추구하던 찰스 1세와 캔터베리 대주교인 윌리엄 로드의 종교적 탄압이 있었다. 2만여 명의 잉글랜드인들이 핍박을 견디지 못하고 신앙의 자유를 찾아 북아메리카의 뉴잉글랜드로 대이주Great Migration를 했다. 하지만 이들 중 일부는 모국의 종교적 상황이 좋아지자 다시 고향으로 돌아갔다.

강제 이주

많은 잉글랜드인들은 생존을 위해 신대륙으로 옮겨갔다. 아이러니하게도 잉글랜드는 아메리카로 보낸 이주민만 가장 많았던 나라가 아니라 정작 노예를 아메리카로 가장 많이 수송한 국가이기도 하다. 천연두와 홍역으로 아메리카 원주민들이 절멸하면서 농장과 광산에서 노역을 시킬 노동력이 절대적으로 부족했다. 대체 노동력을 찾던 중 아프리카인들이 유럽인과 마찬가지로 병에 대한 면역력이 있다는 것을 알고서는 일사천리로 대서양 노예무역이 진행되었다.

17세기 말까지도 흑인 노예 인구는 1만 명을 겨우 넘었고 노예 수입 비용도 비싸서 기간 계약 노동자들이 대부분이었다. 하지만 대서양 횡단 도중의 높은 사망률, 고용주의 구타와 체벌,

감당하기 힘든 노동 강도와 초기 식민 시대의 열악한 환경으로 점차 자발적인 이주 지원자가 줄어들었다. 노동력 보충 방안으로 17세기 말부터 점차 아프리카 노예들을 대서양을 횡단해서 강제로 끌고 왔던 것이다.

노예무역은 근대 유럽이 인류에게 저지른 크나큰 범죄다. 16~19세기에 최소 1천만 명 이상의 노예들이 아프리카에서 아메리카 대륙으로 끌려갔다. 열악한 항해 과정에서 사망률도 높아서 대서양 횡단의 '중간 항로'에서, 항해 목적지에 따라서 차이가 있기는 하지만 대략 10~20퍼센트가 목숨을 잃은 것으로 추정된다. 천신만고 끝에 살아서 아메리카에 도착한 노예의 수는 아프리카를 떠날 때보다 그 수가 현저하게 줄어 있었다. 또한 아프리카에서 전쟁 포로로 잡히거나 전문 노예 사냥꾼들에 의해 납치되는 과정에서 그리고 노예 감옥에 갇혀 있는 동안에도 숱한 목숨이 사라졌다.

강제적인 이주 과정에서 자행된 반인륜적 범죄 행위는 숱하게 많다. 1781년 아프리카 서해안을 출발해서 자메이카로 가던 노예무역선 종Zong호의 선장은 식수 부족을 이유로 132명 정도의 노예들을 바다에 던져 익사시켰다. 이 중 10명은 스스로 목숨을 버렸다고 한다. 놀랍게도 2년 뒤에 선장은 식수가 부족해서 어쩔 수 없이 '화물(노예)'을 바다에 던진 것이라고 주장하며 보험금을 청구했다. 더 경악스럽게도 재판부는 노예들을 재산으로 보고 살인죄를 적용하지 않아 선장과 선언들은 처벌받지 않았다. 비록 최종적으로 보험금은 지급되지 않았으나, 1심 재판의 배심원들은 선상 살인 행위를 불가항력의 필요한 조치로 보고 보험사가 사망 노예 1인당 30파운드를 보상하도록 판결한 바 있다.

1839년에 에스파냐 노예선 아미스타드호에서는 아프리카 흑인들이 선상 반란을 일으켰다. 사건은 53명의 아프리카 흑인들이 몰래 쇠사슬을 풀어내고 선원들을 무참히 살해하면서 시작되었다. 항해술을 몰랐던 이들은 살아남은 선원 두 명에게 배를 아프리카로 돌리도록 했다. 하지만 선원들은 흑인들을 속이고 배를 북아메리카 해안가로 몰고 갔다. 결국 미 해군에 붙잡힌 흑인들은 선원 살해 혐의로 구속됐다. 그러나 대법원은 이들이 폭력을 행사한 것은 자신의 자유를 지키기 위한 정당방위라는 판결을 내린다. 생존자들은 아프리카로 다시 돌아갈 수 있었다.

항구도시가 갖는 이중의 공간 논리

항구는 역사적으로 도시 공간에 수용되어 있던 곳이다. 도시와 항구 사이의 밀접한 상호작용으로 도시는 항구였고 항구가 도시였다. 그래서 항구와 도시는 통합된 항구도시로서 존재했다. 선박의 규모가 작았기 때문에 선박이 자유롭게 도심 내부로 드나들었고, 부두와 상관, 상품 창고와 상인 거주지가 조밀하게 맞붙어 있었다. 하지만 근대화와 산업화로 항구 공간과 도시 공간이 점차 분리되어 독립된 세계로 기능하게 되었다. 선박의 대규모화와 컨테이너화로 독립적인 항만시설을 갖춘 항구가 탄생하면서 항구가 도시 외곽으로 이동하고 점차 도시로부터 멀어져 갔다. 본래 (구)도심지 안에 있었던 항구가 대규모화되면서, 항만을 끼고 발달한 도시로부터 기능적·물리적으로 분리되어 경계 공간liminal space이 출현하기 시작한 것이다.

대서양 노예 매매는 항구도시에서 이루어졌다. 그래서 대표적인 노예 시장들은 모두 해안에 있었다. 서아프리카 나이지리아의 바다그리는 1886년까지 노예 항구로 번창했다. 유럽 최대의 노예 시장은 리버풀이었고 노역 무역의 또 다른 중심지는 항구도시 브리스톨이었다. 17세기에서 19세기 중반까지 대서양 노예무역에서 대략 10퍼센트 정도를 차지했던 프랑스의 노예 거래는 낭트, 보르도, 라로셸, 르아브르, 생말로 등 대서양의 항구도시들에서 이루어졌다.

항구는 새로운 정보와 지식이 도시로 유입되는 문지방이고, 떠났다가 돌아오는 사람들에게는 '환대의 광장'이기도 하다. 하지만 강제적 이산을 경험한 아프리카 흑인 노예들에게 항구는 트라우마의 장소다. 이들과 가족들이 겪은 고통은 이루 말할 수 없이 컸다. 이곳은 떠나면 돌아올 수 없는, 들어가면 나올 수 없는 곳이다. 그래서 아프리카 가나의 해안가 도시 케이프코스트의 노예 요새에 서 있는 문의 이름은 '돌아올 수 없는 문Door of No Return'이다. "문지방 넘어서자 홍두깨 찜질 당한다"는 말이 있다. 뜻밖의 봉변을 갑자기 당했을 때 쓰는 표현이다. 노예 항구의 문지방에는 환대의 정신이 아닌 낫을 든 저승사자가 걸터앉아 있었다.

항구에서는 디아스포라 세계가 시작된다. 노예들은 항구의 노예 시장에서 팔려 흩어지면서 가족은 해체되고 혈연관계는 단절된다. 실로 엄청난 사람들이 유럽 상인들의 경제적 이익을 위해 지옥을 경험해야 했다. 노예 시장이 있던 아프리카의 항구도시에는 고향으로부터 강제로 분리된 디아스포라들의 상흔과 기억이 여전히 고스란히 남아 있다.

항구도시는 육지와 바다가 만나는 접경으로서 의미를 지닌다. 해양과 내륙 네트워크의 중개 거점인 항구도시는 사람, 물자, 정보가 경계를 거슬러서 흐르는 광장이기도 하다. 노예무역도 지리적·문화적 접경 공간에서부터 시작되었다. 아프리카 내륙에서 잡혀온 노예들이 항구에서 유럽인 노예 상인들에게 팔려 바다로 흩어진다. 아메리카로 실려온 이들은 내륙 지방으로 보내진다. 노예들의 이주 경로는 (아프리카) 내륙 → (아프리카) 항구 → (아메리카) 항구 → (아메리카) 내륙의 순서다.

그래서 접경은 이질적 문화가 공존하고 타협하는 혼종의 공간이자 동시에 슬픈 역사를 간직한 지옥의 입구이기도 하다. 단테는 『신곡』에서 그가 경험했던 지옥문의 입구에 "여기 들어오는 자는 모든 희망을 버릴지어다"라는 문구가 있다고 한 바 있다. 노예 시장이 있던 항구도시에서는 삶의 희망이 순식간에 없어지고 사라진다. 인적·물적 수렴과 발산의 결절점인 항구도시는 개방성과 폭력성이 공생하는 모순적 도덕성의 무대다.

근대의 대서양 횡단 삼각 무역을 통해 서구 상인들은 막대한 부를 획득했지만, 아프리카인들에게 대서양 경계 횡단은 강요된 이주displacement였다. 하지만 흑인들은 횡대서양 디아스포라 과정에서 다른 흑인들과의 관계를 형성하면서 낯선 세계에서 새로운 이산 공동체와 초국가적 문화 혼종성을 태동시켰다. 대서양 곳곳에 흩어진 디아스포라 흑인들은 새로운 환경에 적응하면서 아프리카·카리브해·아메리카·유럽의 문화가 뒤섞인 접경 공간을 만들었다. 여기서 탄생한 부두Voodoo교는 노예로 끌려온 디아스포라들이 아프리카 토속 종교에 로마가톨릭교회의 요소들을 섞어서 진화·발전시킨 종교다.

『제국의 시선』을 쓴 메리 루이스 프랫은 접경 공간을 다양한 문화가 "조우하고 충돌하며 싸우는 사회적 공간"으로 규정했다. '검은 대서양Black Atlantic'—폴 길로이가 1992년에 언급한 개념—은 문화 횡단을 통해서 복합적이고 유동적인 접경 공간을 창출해냈다. 이렇게 해서 서인도제도로 강제 이주된 사람들이 수치스러운 경험, 굴욕, 오욕, 모멸을 고통의 혼종성으로 승화시킨 것이다.

더 읽을거리

- 로런트 듀보이스, 『아이티 혁명사: 식민지 독립전쟁과 노예해방』, 박윤덕 옮김, 삼천리, 2014.
- 칼 폴라니, 『다호메이 왕국과 노예무역: 어느 고대적 경제에 대한 분석』, 길, 2015.
- 필립 D. 커틴, 『경제인류학으로 본 세계무역의 역사』, 김병순 옮김, 모티브북, 2007.

에필로그

이주가 만들어낸
서양 중세사

코로나바이러스감염증-19로 인한 봉쇄에 인류는 일상생활에 큰 제약을 받았다. 사회적 격리로 일상의 접촉이 끊기고 이동도 원활하지 못했다. 집 문밖조차도 마음 편하게 나서지 못했다. 대한민국 여권이면 전 세계 190개 국가를 무비자로 자유롭게 여행할 수 있는 시대에 말이다. '이동'이라는 단어가 그 어느 때보다 애틋하게 여겨졌다.

'인생은 나그네길'이라는 말이 있다. 삶이란 구름이 흘러가듯 길을 가는 것임을 말한다. 인류의 역사는 곧 이주의 역사라고 할 정도로 역사는 이주와 함께 시작되었다. 최초의 인류인 아담과 이브도 에덴동산에서 쫓겨나 강제 이주를 당하지 않았는가. 아마도 낙원에서 강제로 추방된 이후에 인류는 강제나 속박이 없는 이주와 정주를 계속 꿈꾸어왔을 것이다.

프리메이슨이 된 중세의 석공들

프리메이슨Freemason은 자유free와 석공mason의 합성어다. 직역하면 자유로운 석공이라는 뜻이다. 단체의 공식 명칭인 프리메이슨단Freemasonry은 자유로운 석공 모임 정도가 되겠다. 그래서 브리태니커 백과사전은 이를 "서양 중세의 고딕 대성당을 건축했던 전문 석공들의 길드guild(동업자 조합)에서 유래한다"고 서술한다. 나움부르크의 장인(「제5장 경계를 넘는 사람들」 참조)도 이러한 석공 길드 소속으로 오늘날의 프랑스와 독일 지역을 오가며 작업을 했던 것이다.

하지만 평등·박애·헌신의 이념을 내세운 세계적인 비밀결사체로 알려진 이 조직의 기원은 여전히 불분명하다. 영국에서 프리메이슨의 통치 기구인 '그랜드 로지'가 결성된 1717년 이후에야 세간에 알려졌기 때문이다. 그래서 놀라울 만큼 정교한 건축술이 발휘된 고대 이집트의 피라미드를 건설한 기술자에게서 비롯되었다는 '이집트 기원설', 솔로몬의 궁정을 건설하면서 건축 비법을 죽을 때까지 비밀로 했다는 석공 히람 아비프에게서 비롯되었다는 '히람 아비프 기원설', 중세 십자군 전쟁 시대에 예루살렘과 유럽 곳곳에 건축물을 지었던 성전기사단에서 시작되었다는 '성전기사단 설', 고딕 성당의 건축 설계와 건설을 담당한 석공과 목수 등에게서 기원했다는 '석공 기원설' 등 다양하다. 따라서 비록 그 기원은 명확하지 않지만 이 기원설들은 모두 석공과 관련이 있다.

1250년경의 필사화. 중세의 컴퍼스를 볼 수 있다. 그림은 조물주가 건축가처럼 컴퍼스를 가지고 우주 만물을 창조하는 모습이다.

실제로 프리메이슨의 상징적 이미지는 직각자와 컴퍼스이기도 하다. 프리메이슨에 대한 전설을 실증적으로 확인하는 것은 어렵지만, 돌을 다루는 석공을 의미하는 메이슨mason이라는 단어가 14세기 영국에서 등장했다는 것은 확인된 바 있다. 이들은 돌을 다듬는 단순 기술만 연마한 것이 아니라, 대성당, 성채와 성벽, 도시의 건물들을 세우면서 기하학·측량술·연금술 등 당시의 첨단 기술을 습득했다. 이론과 실무를 겸비한 것으로 평가받았던 이들은 중세의 대표적인 전문가 집단으로 손꼽아도 손색이 없을 것이다.

비록 이들의 지식 세계가 구전으로만 내려와 그 구체적인 내용을 확인할 길은 없으나, 장인과 도제의 체계적인 교습법을 통해 건축술과 관련된 고대부터 전해진 광범위한 지혜와 사상이 더 심화되었다고 한다. 이들의 작업장이며 집회소였던 로지lodge는 관련자들만 출입할 수 있는 폐쇄적인 공간으로 건축 비법이 외부로 새어나가지 않도록 기밀 유지에 철저했다고 한다.

이러한 중세 석공 조합의 첨단성, 비밀주의, 공공선, 도덕성, 정직성, 형제애는 후대 사람들에게 영감을 주었고 비록 그 구성원과 강령은 바뀌었지만 '자유 석공 조합'이라는 이름만은 계승되었던 것 같다. 특히 프리메이슨의 기본 이념인 자유·평등·박애는 중세의 석공들이 추구했던 바이기도 하다. 두 집단은 초경계적 관계망을 구축했다는 점에서도 접맥해 있다.

자유와 해방

고딕 성당이 건설되던 중세 봉건시대는 개인과 개인의 인적 종속 관계에 기반한 엄격한 위계서열을 특징으로 하는 사회다. 따라서 자유는 특권이고 이 특권에 기초해 일부 집단은 독자적인 권한을 행사하기 시작했다. 석공 조합은 건축이라는 직업 특성상 한 장소에 오랫동안 머무르지 않았다. 계약된 공사가 완료되면 다음 현장으로 또 길을 떠나야만 했기 때문이다. 이러한 이동성으로 이들은 특정 지역 권력에 얽매이지 않을 수 있었고, 작업을 하고 있는 중에도 해당 지역의 각종 부담과 규제에서 면제되었다. 그래서 이들은 자유로운free 석공mason으로 불렸다.

하지만 중세의 석공들에게 이주는 선택이 아니라 강제적인 의무와 같았다. 이른바 편력 강제가 실시되었던 것이다. 그래서 흔히 중세를 '잠시 머물러 가는 사람들의 사회'라고 하기도 한다. 기사, 방랑 설교자, 순례자, 상인, 음유시인 모두 이곳저곳 떠돌았다.

특히, 수공업 분야에서는 장인이 되기 전까지 반드시 일정 기간 다른 곳으로 편력하는 의무가 법령으로 정해졌다. 직인journeyman은 수습공 과정을 마치고 동업 조합의 장인들이 있는 타지로 '여행journey'을 떠나야 했고, 이렇게 해서 새로운 장인 밑에서 고급 기술을 연마하게 된다. 수년간의 힘든 직인 생활을 마치고서야 한곳에 정착하여 자기 가게를 내고 장인이 될 수 있었다.

14세기 중반의 작품으로 건축 현장을 엿볼 수 있다. 다양한 건축 도구들과 작업 방식이 생생하게 묘사되어 있는데, 꼭대기에서 작업하는 인부들의 모습은 위태로워 보이기도 한다.

'편력은 직공의 대학'으로 불릴 정도로 젊은 직인들은 타지에서 새로운 기술을 습득할 수 있었다. 괴테의 표현을 빌리면, "편력 시대Wanderjahr"는 단단한 인간으로 성장해가는 "수업 시대Lehrjahr"였던 것이다.

후대의 특출난 사업가와 정치가들이 이러한 편력 수업의 여행을 하면서 방적 공정에서 실이 순차적으로 다듬어지듯 지식을 체계화할 수 있었고, 수 세기에 걸쳐서 수많은 직공이 동서남북으로 국경을 넘나들었던 것은 산업을 표준화·균질화하는 결과를 가져왔다.

다시 편력의 시대로

중세의 석공들은 편력을 통해 다양하고 상이한 언어·생활습관·문화를 뛰어넘어 함께 일하는 사회를 형성했다. 타지의 언어와 사고방식을 체득하면서 정보를 공유하고 공통적인 인식의 기반을 갖게 되었다. 이들이 추구했던 상생의 가치는 길드 구성원의 우애amicitia와 형제애fraternitas를 통해서 상호 결속력을 강화했고 동시에 경제적 네트워크를 넓혀갔다. 이렇게 해서 프랑스 북부 랭스 대성당의 「천사의 미소」가 마인츠를 거쳐서 독일 동부 변경의 나움부르크까지 흘러갈 수 있었다.

팬데믹으로 멈췄던 일상이 회복되어 자유로워지기를 갈망한다. 그래서 편력 시대가 다시 시작되어 삶의 진실을 찾아 떠나는 인생 수업을 체험할 수 있었으면 한다. 경계를 넘나드는 공존의 방식을 배우면서 삶의 아름다움을 체득할 수 있었으면 더 좋겠다.

더 읽을거리

- 에르빈 파노프스키, 『고딕건축과 스콜라철학』, 김율 옮김, 한길사, 2016.
- 요한 볼프강 폰 괴테, 『빌헬름 마이스터 편력시대』, 곽복록 옮김, 동서문화사, 2016.
- 차용구, 「서양 중세 예술에 대한 역사적 독해」, 『중앙사론』 14, 2001.

중세 접경을 걷다

경계를 넘나든 중세 사람들 이야기

지은이　　차용구
펴낸이　　윤양미
펴낸곳　　도서출판 산처럼

등　록　　2002년 1월 10일 제1-2979
주　소　　서울시 종로구 사직로8길 34 경희궁의 아침 3단지 오피스텔 412호
전　화　　02-725-7414
팩　스　　02-725-7404
E － mail　sanbooks@hanmail.net
홈페이지　www.sanbooks.com

제1판 제1쇄 2022년 8월 25일

값 17,500원

ISBN 979-11-91400-08-3   03920